등불

이재록 목사 1분 신앙 칼럼

등불

이재록 목사 1분 신앙 칼럼

Dr. Jaerock Lee's One-minute Column Series
"The Lamp of God"

주의 말씀은 내 발에 등이요 내 길에 빛이니이다
시편 119:105

우림

펴내는 글

먼저 이 책을 펴낼 수 있도록 인도하신 하나님께 감사와 영광을 돌립니다. 조선일보, 한국일보, 중앙일보, 동아일보 등 국내 여러 일간지에 글을 게재해 온 지도 10여 년이 흘렀습니다. 그동안 지면으로나마 생활 속에서, 목회 현장에서 깨달았던 지혜와 감동을 많은 사람과 함께 나눌 수 있어 행복했습니다.

감사하게도 어린 학생들로부터 청 · 장년, 노년에 이르기까지 마음에 쉼이 되며 영혼의 양식이 되고 있다는 소식을 들을 때에는 참으로 기뻤습니다. 그분들의 얼굴을 떠올리며 더 많은 분과 더불어 은혜를 나누고 싶은 열망으로 이 책을 펴내게 되었습니다.

하나님의 마음을 꼭 닮은 자녀를 원하시며 기대에 찬 마음으로 엿새 동안 천지 만물을 창조하신 하나님의 사랑을 일곱 파트로 나누어 구성하였습니다. 그 속에 하나님의 사랑, 창조의 신비로움, 인생 문제들에 대한 해결 실마리, 그리스도의 향기와 빛을 발하는 삶, 하늘의 지혜를 받는 길 등 우리 삶에 꼭 필요한 내용들을 한 권에 실었습니다.

인생의 바다를 항해하는 이에게 이 작은 책이 등대와 같기를, 낯선 밤길을 가는 나그네에게 한 줄기 빛과 같기를 기대합니다. 힘을 잃고 주저앉아 있는 분들에게는 다시 일어설 수 있는 용기를 불어넣고, 방황하는 영혼들에게는 응답과 축복의 길잡이 역할을 하리라 봅니다.

그동안 자료수집, 기획, 편집, 디자인, 인쇄를 위해 수고하신 모든 분께 깊은 감사를 드립니다. 아무쪼록 이 책을 읽는 모든 분의 마음에 평안과 행복, 기쁨과 생명의 등불이 밝혀지기를 주님의 이름으로 기원합니다.

2011년 4월

이재록 목사

차 례

Part 2

맑은 하늘 푸른 바다

Part 3

우리에게 주신 선물

Part 4

우리 삶의 등불

Part 5

최고의 디자이너

Part 6

사랑을 나누는 행복

Part 7

천국 향한 소망

하나님이 가라사대 빛이 있으라 하시매 빛이 있었고
그 빛이 하나님의 보시기에 좋았더라
창세기 1:3~4

Part 1

빛으로 세상을

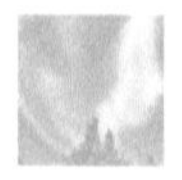

영의 생각

육신의 생각은 사망이요
영의 생각은 생명과 평안이니라
로마서 8:6

같은 환경에서도 어떻게 생각하느냐에 따라
행복한 사람이 될 수도 있고 불행한 사람이 될 수도 있습니다.
"같은 상황을 어떻게 생각하느냐" 하는 것은
마치 동전의 양면과 같아서 물이 절반 채워진 컵을 보고
'반밖에 안 남았네!' 생각하는 사람과
'아직 반이나 남았네!' 생각하는 사람이 있는 것처럼
이것은 우리가 어떤 선택을 하느냐에 달려 있습니다.
부정적인 생각을 자꾸 받아들이면
점점 어려운 환경으로 치닫게 되지만
어려운 환경일지라도 모든 것을 긍정적으로 바라보며
하나님 안에서 믿음의 행군을 하면
어떤 어려움도 극복할 수 있습니다.

빛의 근본

우리가 저에게서 듣고 너희에게 전하는 소식이 이것이니
곧 하나님은 빛이시라 그에게는 어두움이 조금도 없으시니라
요한일서 1:5

빛을 향해 자라는 식물처럼
빛의 속성을 좇는 사람이 있는가 하면,
반대로 어둠의 속성을 좇는 사람도 있습니다.
빛의 속성은 선, 사랑, 진실 등이며
어둠의 속성은 죄악, 불의, 거짓 등입니다.
아무리 짙은 어둠도 빛이 비치면
흩어질 수밖에 없고 빛 앞에 모든 진상이 드러납니다.
이와 같은 원리로, 당장은 악한 사람이 잘되는 것 같아도
결국 진실은 밝혀지며 반드시 선이 승리합니다.
이는 창조주 하나님이 빛의 근본이 되시며
그 빛을 주관하시기 때문입니다.

하나님의 설계도

만물이 그에게 창조되되 하늘과 땅에서 보이는 것들과 보이지 않는 것들과
혹은 보좌들이나 주관들이나 정사들이나 권세들이나 만물이
다 그로 말미암고 그를 위하여 창조되었고
골로새서 1:16

작은 건물 하나를 세우는 데도 설계도가 필요합니다.

이 지구도 만들어지기까지 완벽한 설계도가 있었습니다.

그것은 하나님의 마음 안에 담겨 있었지요.

하나님은 놀라운 지혜와 창조의 능력으로써

설계한 대로 지구를 만드셨습니다.

지구의 자전과 공전, 밀물과 썰물의 교차,

바람과 구름의 이동 등 태양계 안의 모든 것이

한 치의 오차도 없이 정확하게 운행되는 것을 보아도

하나님의 창조의 손길을 느낄 수 있습니다.

우주는 결코 우연의 산물이 아니요,

창조주 하나님께서 만물을 적재적소에 두시고

질서와 조화 속에 운행되도록 섭리하셨습니다.

태양계와 지구

하나님이 가라사대 하늘의 궁창에 광명이 있어 주야를 나뉘게 하라
또 그 광명으로 하여 징조와 사시와 일자와 연한이 이루라
창세기 1:14

태양계의 여덟 개의 행성인 수성, 금성, 지구, 화성, 목성, 토성, 천왕성, 해왕성이 지금의 위치에 있을 수 있는 이유는 이들이 모두 적당한 크기와 간격을 유지하고 있기 때문입니다. 눈에 보이지는 않지만 서로 밀고 당기는 힘의 균형이 정확히 맞도록 만들어졌기 때문입니다. 만일 태양이나 어떤 행성이라도 지금보다 조금 더 크거나 작아진다면 태양계 전체가 영향을 받게 됩니다. 그중에서도 지구는 생명체가 살아갈 수 있는 최적의 위치에 있습니다. 지구보다 조금 더 태양에 가까운 금성과 조금 더 태양에서 먼 화성에는 아무런 생명체가 살지 못합니다. 이를 볼 때 태양계가 우연히 생성된 것이 아닌 하나님의 고도의 지혜로운 설계와 놀라운 능력으로 창조된 것임을 알 수 있습니다.

인생의 항해

저희가 평온함을 인하여 기뻐하는 중에 여호와께서 저희를
소원의 항구로 인도하시는도다
시편 107:30

유독 암초가 많은 태평양의 어느 지역을 안전하게 운항하려면
세 개의 등대가 멀리서 볼 때 완전히 일치가 되어
하나로 보이는 각도로 항해하면 된다고 합니다.
이처럼 우리도 창조주 하나님의 마음에 맞추어
그분이 기뻐하시는 목표를 세울 때에 평안한 인생을 살 수 있습니다.
삶의 목표가 하나님 안에서 하나 되지 않을 때는
암초와 같이 도사리고 있는 문제들을 만나 방황할 수밖에 없습니다.
천지 만물을 지으시고 인간을 창조하신 하나님을 중심에 두고
목표를 세운다면 하나님께서는 광풍이 사라지게 하시고
물결을 잠잠케 하시며 인생의 항해를 안전하게 도와주십니다.

창조와 과학

믿음으로 모든 세계가 하나님의 말씀으로 지어진 줄을 우리가 아나니
보이는 것은 나타난 것으로 말미암아 된 것이 아니니라
히브리서 11:3

과학이 눈부시게 발전하는 현시대에 살고 있는 우리는
첨단기술의 혜택 아래 편리한 생활을 하고 있습니다.
하지만 아무리 발달된 과학기술로도 아무것도 없는 무(無)에서
새로운 것을 만들어 내는 경우는 없습니다.
반드시 어떤 재료를 바탕으로 만들어 낼 뿐입니다.
그래서 과학과 문명은 창조가 아니라
이미 창조된 것을 활용하여 새롭게 발전시키거나
발명하는 것이라 할 수 있습니다.
무(無)에서 유(有)를 만들어 내는 창조의 역사는
오직 창조주 하나님만이 하실 수 있는 영역이기 때문입니다.

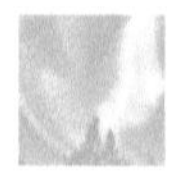

마음의 주파수

너희 안에 이 마음을 품으라 곧 그리스도 예수의 마음이니
빌립보서 2:5

우리가 라디오의 특정 방송을 들으려면
주파수를 알아서 정확하게 맞추어야 합니다.
그렇지 않고 조금이라도 빗나가면 잡음으로 인해
소리를 잘 듣지 못할 뿐 아니라
다른 방송이 들릴 수도 있습니다.
마찬가지로 우리 마음의 주파수가 하나님 말씀에 맞추어져 있으면
오직 선과 진리의 생각만을 받아들이지만,
악한 쪽에 맞춰 있으면 비진리의 생각이 들어와
나쁜 행동을 낳게 됩니다.
때문에 진정 가치 있는 삶을 살아가려면
선 자체이신 하나님께 항상 마음의 주파수를 맞추어야 합니다.

사랑의 기도

우리가 선을 행하되 낙심하지 말지니
피곤하지 아니하면 때가 이르매 거두리라
갈라디아서 6:9

무신론자이던 저는 7년을 질병으로 고생하며 죽음만을
기다리는 처지였습니다. 하루는 시골에서 올라온 둘째 누님이
"동생, 내가 꼭 가보고 싶은 곳이 있으니 길 안내 좀 해 주게" 하셨습니다.
오죽하면 아픈 내게 부탁할까 싶어서
지팡이를 의지하며 안내해 드렸습니다.
그곳에 도착하여 보니 수많은 사람이 기도하고 있었고
얼떨결에 무릎 꿇는 순간
하나님은 제 모든 질병을 단번에 치료해 주셨습니다.
그 후 뜻밖의 사실을 알았는데, 둘째 누님이 저를 위해
오랜 세월을 기도하셨다는 것입니다. 저는 누님의 기도에 힘입어
하나님 앞에 나아가 예수 그리스도를 믿고 영접할 수 있었던 것이지요.
'눈물을 흘리며 씨를 뿌리는 자는 기쁨으로 거둔다' 는 말씀대로
영혼을 위한 사랑의 기도는 반드시 결실을 맺습니다.

행복의 지름길

내가 오늘날 네 행복을 위하여 네게 명하는 여호와의 명령과
규례를 지킬 것이 아니냐
신명기 10:13

예전에 무협지를 즐겨 보던 시절이 있었습니다.
억울하게 해를 입은 사람이 원한을 갚는 장면이 나오면
'의'라 여기기도 하였지요. 하나님을 믿고 보니
제가 생각하는 의와 하나님 의는 전혀 달랐습니다.
'원수를 갚는 것'을 의로 여겼는데,
하나님은 '원수를 사랑하라' 하셨습니다.
십자가의 사랑을 깨달으면서 오직 하나님의 의를 좇게 되었고,
그럴수록 마음의 평안과 축복이 더해 갔습니다.
성경에 기록된 말씀대로 살아가는 것이 참된 의요,
행복의 지름길입니다.

티와 들보

어찌하여 형제의 눈 속에 있는 티는 보고 네 눈 속에 있는
들보는 깨닫지 못하느냐
누가복음 6:41

자동차에는 주변을 살필 수 있는 거울이 있어서
안전운전을 도와주지만 시야에 들어오지 않는 사각지대도 존재합니다.
마찬가지로 우리 각 사람에게도 스스로는 잘 볼 수 없는
결점이 있을 수 있는데, 이를 발견하여 고치려 하기보다는
다른 사람의 단점을 보는 사람들이 있습니다.
자신에게는 들보와 같은 큰 악이 있음에도 불구하고,
상대에게서 티와 같은 작은 허물이라도 발견하면
곧바로 지적하는 것입니다. 그러나 지혜로운 사람은
다른 사람의 단점이 보일 때 자신에게는 더 큰 허물이 없는지를 살펴
자신을 변화시킵니다.

농담으로 듣지 말자

너는 귀를 기울여 지혜 있는 자의 말씀을 들으며
내 지식에 마음을 둘지어다
잠언 22:17

지식과 경험이 많은 어른의 가르침은
삶의 전반에 유익을 줍니다.
하물며 전능하신 하나님 말씀이라면 어떻겠습니까.
그러나 성경에 보면 하나님 말씀을 가벼이 여긴 사람들이 있습니다.
예컨대, 롯의 사위들은 향락과 퇴폐가 극에 달한
소돔과 고모라 성을 멸하신다는 말씀을 농담으로 여겼고,
그의 아내는 그곳을 떠날 때 뒤돌아보지 말라는 말씀을
귀담아 듣지 않았습니다. 그 결과 롯의 사위들은 성과 함께 멸망했고,
롯의 아내는 소금 기둥이 되었습니다.
하나님께서 아무리 좋은 것을 주고자 해도 이를 농담으로
여기는 사람은 받을 수 없지만, 마음을 열고 믿는 사람은
구원과 축복의 길로 인도받습니다.

송사가 아닌 용서

너희가 사람의 과실을 용서하면 너희 천부께서도
너희 과실을 용서하시려니와
마태복음 6:14

이기주의가 만연한 요즈음은
사소한 일에도 소송을 하는 경우가 많은데
심지어 상대가 배우자이거나 부모, 자녀인 경우도 있습니다.
예수님께서는 '네 오른편 빰을 치거든 왼편도 돌려 대라' 하시며
악을 악으로 갚지 말고 오히려 선을 행하기를 당부하셨습니다.
혹시 용서하고 이해하는 것이 어리석어 보이고
불합리하게 여겨진다면 독생자 예수님을 이 땅에 보내 주셔서
십자가의 사랑으로 인류를 구원하신
하나님의 사랑을 생각해 보십시오.
이처럼 큰 사랑이 자신에게 베풀어진 것을
마음 중심에서 믿는 사람은 설령 내게 해를 끼친 사람이라 해도
용서하고 사랑할 수 있습니다.

둘 다 마찬가지

입법자와 재판자는 오직 하나이시니 능히 구원하기도 하시며
멸하기도 하시느니라 너는 누구관대 이웃을 판단하느냐
야고보서 4:12

익은 벼가 고개를 숙이듯이,
신앙 안에서도 믿음이 클수록 겸손한 마음을 갖습니다.
이런 사람은 함부로 남을 판단하지 않습니다.
그런데 간혹 열심히 신앙생활을 하는 분이
자기도 모르게 남을 판단하는 경우가 있습니다.
가령 상대가 이웃을 사랑하지 않는 모습을 보면
'저 사람은 아직도 미움이 있구나'라고 판단합니다.
하지만 하나님께서 보실 때에는 '미움'을 버리지 못한 사람이나,
남을 '판단' 하는 사람이나 말씀 안에 살지 않기는 마찬가지입니다.
오직 재판관은 하나님 한 분임을 알아
상대를 판단하는 일이 없어야겠습니다.

백 마디의 말보다

우리는 구원 얻는 자들에게나 망하는 자들에게나
하나님 앞에서 그리스도의 향기니
고린도후서 2:15

믿음의 사람들에게는 독특한 향기가 있습니다.
예컨대, 세상에서 실패한 사람,
병든 사람, 낮아지고 소외된 사람,
하나님을 만나지 못한 사람을 긍휼히 여기는 마음의 향입니다.
사람들은 대개 성공한 사람을 반겨주고 가까이하는 반면
그렇지 못한 사람에게는 어느 순간 등을 돌립니다.
믿음의 사람은 낙심하거나 병든 사람이 있으면
기도해 주고 격려하며,
항상 따뜻한 마음으로 대할 수 있어야 합니다.
긍휼한 마음의 향은 삶에 지친 사람의 눈물을 닦아주며
백 마디의 말보다 진한 향기로 하나님의 사랑을 증거해 줍니다.

우선과 차선

그러므로 저희를 본받지 말라 구하기 전에
너희에게 있어야 할 것을 하나님 너희 아버지께서 아시느니라
마태복음 6:8

몇 년 전 고래 삼백 마리가
작은 만(灣)에 갇혀 몰사한 일이 있었습니다.
정어리 떼를 좇다가 참변을 당한 것입니다.
우리도 사소한 목표를 좇다 보면
큰 것을 잃을 때가 있습니다.
이런 실수를 하지 않으려면 자신의 삶에 있어
우선과 차선이 무엇인지 알아야 합니다.
하나님은 '먼저 그의 나라와 의를 구하면
모든 것을 채워 주시겠다' 하셨습니다.
부와 명예를 우선하면 낭패를 볼 수 있지만 영혼 구원에 힘쓰며
성경 말씀 안에 살면 자연히 부와 명예가 따라옵니다.

거짓의 속성

우리가 다 실수가 많으니 만일 말에 실수가 없는 자면
곧 온전한 사람이라 능히 온 몸도 굴레 씌우리라
야고보서 3:2

사람들은 종종 사실을 과장하거나 축소하여 말합니다.
예컨대, 자신이 좋아하는 음식을 상대가 많이 먹어서
조금밖에 안 남았을 경우 "네가 다 먹어버렸다"
또는 "하나도 안 남았다"고 표현합니다.
대다수의 사람은 이것을 거짓말이라 생각지도 못하지만
이는 분명 거짓된 속성에서 비롯된 것입니다.
이러한 속성을 완전히 버리지 않는 한 위급한 상황에서는
남을 해롭게 하는 거짓말도 얼마든지 할 수 있습니다.
작은 분야부터 진실한 마음으로 채워 나갈 때
하나님 마음을 닮은 온선한 진실의 차원에 이르게 됩니다.

흔들리지 않는 평안

주의 법을 사랑하는 자에게는 큰 평안이 있으니
저희에게 장애물이 없으리이다
시편 119:165

명상은 한 컵의 더러운 물이 시간이 흐르면
찌꺼기가 가라앉아 맑은 물이 되는 것과 같습니다.
눈을 감고 마음을 집중하다 보면 분노나 미움 등이
가라앉아 평화를 얻을 수 있습니다.
그러나 컵을 흔들면 다시 찌꺼기가 올라오듯이,
마음 안의 불순물 또한 흔들리는 환경이 되면
언제든지 다시 작용하기 마련입니다.
참된 평안을 얻으려면 마음 안에 있는
악 자체를 근본적으로 제거해야 합니다.
티 없이 맑은 물은 아무리 흔들어도 찌꺼기가 올라오지 않듯이,
악이 없이 맑고 선한 마음이 되면 어떤 환경 속에서도
평안할 수 있습니다.

변화하는 성품

새 사람을 입었으니 이는 자기를 창조하신 자의 형상을 좇아
지식에까지 새롭게 하심을 받는 자니라
골로새서 3:10

어떤 일을 하고 싶지만 '성격 때문에'
주저하는 경우가 있습니다.
최후의 만찬 시 유독 예수님의 품에 안겨 있을 정도로
예수님을 가까이했던 제자 요한은
젊은 날, 급한 성격 때문에 '보아너게'
곧 우레의 아들이라는 별명까지 얻었던 사람입니다.
그러나 예수 그리스도께서 베푸신
십자가의 사랑과 구속의 은총에 힘입어
사랑의 사도라고 불릴 만큼 변화하였습니다.
이처럼 마음 깊이 하나님의 사랑을 깨닫는 사람은
예수 그리스도의 마음을 닮게 되므로 성품이 변화할 뿐 아니라,
그만큼 더 가치 있는 삶을 영위하게 됩니다.

어떤 방법을 택할까?

지혜로운 자의 마음은 그 입을 슬기롭게 하고
또 그 입술에 지식을 더하느니라
잠언 16:23

칭찬의 효과가 크다는 것은 잘 알려진 이야기입니다.
교회 안에도 보면 두 가지 유형의 부모가 있습니다.
아이가 예배시간에 떠들 때에
"하나님이 기뻐하지 않으신다"며 야단치는 부모와,
"예배를 잘 드리면 하나님이 기뻐하시고
상을 주신단다" 하는 부모가 있습니다.
전자의 경우에는, 혹 실수라도 하면
'하나님이 슬퍼하시겠지. 나를 사랑하지 않으시겠구나' 하고
낙심하기 쉽습니다. 그러나 후자의 경우에는
'하나님은 나에게 좋은 것을 주기 원하시는구나' 하며
적극적으로 성경 말씀 안에 살려고 하는 것을 봅니다.
그렇다면 우리는 어떤 방법을 생활 속에 적용해야겠습니까?

마음을 헤아리는 말

너희 말을 항상 은혜 가운데서 소금으로 고루게 함같이 하라
골로새서 4:6

그릇 중에는 재질이 아주 단단하여
세게 닦을수록 광택이 나는 것이 있는가 하면,
재질이 매우 약해서 조금만 힘을 주어도
깨지는 것이 있습니다.
이처럼 사람의 마음 그릇도 각기 달라서
강한 마음을 지닌 사람이 있는가 하면
그렇지 못한 사람도 있습니다.
그러니 사랑한다는 이유로 상대에게 어떤 권면을 할 때에도
주의해야 합니다. 상대를 위해서 하는 행동이나 말이
오히려 상처가 되는 경우가 있으니 먼저 그의 마음과 입장을
이해하고 헤아리는 배려가 선행되어야 합니다.

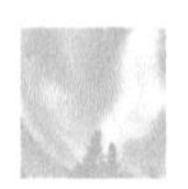

선을 행할 줄 알고도

이러므로 사람이 선을 행할 줄 알고도 행치 아니하면 죄니라
야고보서 4:17

외국의 프로 야구선수들 중에는 도박꾼들로부터 돈을 받고
일부러 경기에서 져준 일로 처벌받은 사례가 있습니다.
그런데 이에 가담하지 않고 성실히 경기에 임한 선수도
동일한 처벌을 받았습니다.
이는 동료들의 잘못을 알고 이를 막을 수 있었음에도
방관하였기 때문입니다.
이처럼 생활 속에서 선과 악 중에서 선을 선택해야 함에도
자신에게 불이익이 돌아올 것을 생각하며
침묵으로 방관하는 이들이 있습니다.
그러나 사도 야고보는 초대교회의 성도들에게 선을 행해야
하는 순간에 이를 행치 아니하는 것이 죄라고 했습니다.
선 자체이신 하나님을 닮아 범사에 적극적으로 선을 행해야겠습니다.

원인 제거

그런즉 누구든지 그리스도 안에 있으면 새로운 피조물이라
이전 것은 지나갔으니 보라 새것이 되었도다
고린도후서 5:17

아토피성 피부염은 몸 안에 내재된 원인들이
면역기능을 혼란시켜 꽃가루나 먼지, 진드기와 같은 일상적인
자극에 과민반응을 함으로 생기는 질병이라고 합니다.
그러니 치료를 위해서는 가장 먼저 몸 안에 있는
근본 원인을 제거하는 것이 중요합니다.
혈기나 짜증도 마찬가지입니다.
흔히 "저 사람이 나를 화나게 만들었다" 하거나
'짜증낼 수밖에 없는 상황'이라고 말하는데,
근본 원인은 자신에게 있습니다. 즉 없었던 혈기가
외부의 자극에 의해 생성된 것이 아니라,
내재한 것이 적절한 환경을 만나 표출된 것뿐입니다.
근본 마음에서 혈기를 제거하고 온유함을 이룰 때에
어떤 상황에서도 잔잔한 호수와 같이 평안을 유지할 수 있습니다.

마음에 달린 환경

모든 무거운 것과 얽매이기 쉬운 죄를 벗어 버리고
인내로써 우리 앞에 당한 경주를 경주하며
히브리서 12:1

운동장에서 달리기를 할 때
가슴에 큰 돌멩이를 안고 뛰는 사람과
맨몸으로 뛰는 사람 중 누가 더 잘 달릴까요?
당연히 맨몸으로 뛰는 사람일 것입니다.
돌멩이를 안고 뛰는 사람은 그만큼 끙끙대며
힘들게 달릴 수밖에 없습니다.
이처럼 우리 안에 돌멩이 같은 단단한 마음이 있으면
매사에 힘이 듭니다. 상대를 포용하지 못하니
조그만 일에도 감정이 생기고 다툼이 일어납니다.
하지만 솜털같이 부드러운 예수 그리스도의 마음을 가지면
상대를 사랑으로 포용할 수 있으니 서로 부딪침이 없고,
늘 평안한 가운데 인생의 경주도 잘할 수 있습니다.

지혜롭고 강한 사람

오직 온유한 자는 땅을 차지하며 풍부한 화평으로 즐기리로다
시편 37:11

전지전능하신 하나님께는 약한 것이 있을 수 없는데,
오른뺨을 때리면 왼뺨도 대어주라는 하나님의 말씀이나
다투지도 들레지도 않고 온유하신 예수님의 성품은
너무 나약해 보인다는 사람들이 있습니다.
그러나 예수님께 이러한 사랑과 온유의 마음이 있으셨기에
나무 십자가에서 죽으시고 부활하셔서
하나님의 뜻을 온전히 이루실 수 있었습니다.
자신의 강함을 깨뜨리고 온유한 성품을 이룰 때에
상대가 중심에서 따르는 것만 보아도
참된 강함이 무엇인지 알 수 있습니다.
약한 것에서 강해지는 비결을 터득할 때
진정 지혜롭고 강한 사람이 될 수 있습니다.

하나님이 궁창을 만드사
궁창 아래의 물과 궁창 위의 물로 나뉘게 하시매
그대로 되니라 하나님이 궁창을 하늘이라 칭하시니라
저녁이 되며 아침이 되니 이는 둘째 날이니라
창세기 1:7~8

Part 2

맑은 하늘 푸른 바다

하늘이 파란 이유

여호와의 말씀으로 하늘이 지음이 되었으며
그 만상이 그 입 기운으로 이루었도다
시편 33:6

티 없이 맑고 푸른 하늘을 바라보면
마음까지 밝아지고 정화되는 듯합니다.
반면에 잿빛 구름으로 덮인 하늘을 보면
왠지 우울해지고 부정적인 생각이 들기도 합니다.
하늘빛이 어떠하냐에 따라 그것을 바라보는 마음이
영향을 받는 것입니다.
그래서 하나님께서는
하늘을 노란색, 빨간색, 보라색 등으로 하지 않고
파란색으로 만드셨습니다.
파란색은 사람의 마음을 안정시키고
평화와 희망을 느끼게 합니다.
파란 하늘을 바라보며 '나도 저렇게 맑고 깨끗하게 살아야겠다'는
마음이 들도록 사랑의 배려를 하신 것입니다.

희한한 무지개

앉으신 이의 모양이 벽옥과 홍보석 같고
또 무지개가 있어 보좌에 둘렸는데 그 모양이 녹보석 같더라
요한계시록 4:3

노아 시대에 물로 세상을 심판하신 이후,
하나님께서는 다시는 물로 세상을 심판하지 않겠다는 언약의 증표로
무지개를 주셨으며 이를 통해 하나님의 사랑을 전하셨습니다.
일반적으로 비가 온 후에 해와 반대편에 무지개가 뜨는데
근래에는 무지개를 보기 어렵습니다.
이는 대기오염으로 발생하는 스모그 현상으로 인해
육안으로는 식별할 수 없기 때문입니다.
그러나 하나님께서 역사하시면 늘 무지개를 볼 수 있습니다.
아침이나 밤에 보기도 하고 구름이 전혀 없는 맑은 날씨에도
볼 수 있습니다. 무지개의 모양도 원형, 일자형, 대칭형 등
희한하고 다양합니다. 이는 하나님께서 함께하신다는 증표로
나타내 주시기 때문입니다. 하나님께서는 종종 과학적으로
설명할 수 없는 기사와 표적, 권능으로 자신을 증거하십니다.

물의 창조 신비

이는 만물이 주에게서 나오고 주로 말미암고
주에게로 돌아감이라
로마서 11:36

지구상에 있는 것들을 궁구해 보면
누군가에 의해 섬세하게 고안된 것임을 확실히 알 수 있습니다.
물은 다른 물질과 달리 고체의 밀도가 액체보다 낮습니다.
극지방 바다에서 생명체가 사는 것은 액체인 물이
고체화되어 얼음으로 떠 있기에 가능한 일입니다.
얼음에 의해 외부와 차단된 물속이 영상으로 유지되어
수중생물이 살 수 있습니다. 또 지구라는 그릇 안에 담긴 물은
썩을 수밖에 없지만 적절한 염분, 밀물과 썰물로 인해 부패치 않고
그 안에 생물들을 키웁니다. 이러한 사실만 보아도
세상이 우연의 산물이 아니라 창조주의 능력으로 만들어져
완벽한 균형과 조화를 이루고 있음을 알 수 있습니다.

노아의 방주

만일 너희가 믿음에 거하고 터 위에 굳게 서서 너희 들은바
복음의 소망에서 흔들리지 아니하면 그리하리라
골로새서 1:23

터키에 있는 아라랏 산에서는 수천 년 전 홍수 심판 때
노아의 가족이 탔던 방주가 얼음 속에서 발견되었다고 합니다.
노아의 방주가 대홍수를 견뎌낼 수 있었던 이유 중에 하나는
아주 단단한 재질을 가진 잣나무로 지어진 데 있었습니다.
마찬가지로 우리가 인생의 바다를 항해하는 동안
험한 파도를 헤치고 목적지인 천국에 안전하게 이르기 위해서는
잣나무와 같은 강함이 필요합니다.
이는 성품이 강해야 한다는 뜻이 아니라 변개함이 없는
곧은 중심을 가져야 한다는 것입니다.
노아의 방주가 홍수를 견뎌내고 새로운 세상을 맞이했듯이
곧은 중심이 있을 때에 죄악이 관영한 세상에 물들지 않고
믿음으로 승리하여 천성 문에 이를 수 있기 때문입니다.

정한 마음

하나님이여 내 속에 정한 마음을 창조하시고
내 안에 정직한 영을 새롭게 하소서
시편 51:10

변개란, '다르게 바꾸는 것'입니다.
사람이 한 번 정한 일이나 처음 가졌던 마음을
변개하는 주된 이유는 자신의 유익을 구하기 때문입니다.
이들은 대개 물질의 욕심이나 명예, 권세 등을 좇아 변개하지요.
눈앞의 유익에 급급해하다 보니 늘 이랬다저랬다 하는 것입니다.
이처럼 사람이 자기 마음을 지키지 못하고 쉽게 변개하면
누구에게도 신뢰받을 수 없고,
신앙 자체가 변개할 때에는 구원조차 받기 어렵습니다.
'무릇 지킬 만한 것보다 더욱 네 마음을 지키라
생명의 근원이 이에서 난다' 하셨으니,
정한 마음을 갖기에 힘써야겠습니다.

자상하신 손길

여호와를 경외하는 너희는 여호와를 의지하라
그는 너희 도움이시요 너희 방패시로다
시편 115:11

제가 신학교에 다닐 때의 일입니다.
아직 아이들이 어리고 가게를 하던 때라 저는 집 근처에
따로 작은 방을 하나 얻어 생활을 했습니다.
새벽예배를 드린 후 아내와 함께 오후 늦게까지 가게 일을 한 후에
학교에 다녀와서 철야기도를 하고 공부를 했습니다.
그리고는 두 시간 정도 잠을 자는데,
하루는 잠결에 '아빠' 하고 부르는 소리를 듣고
밖에 나가 보니 아무도 없었습니다.
문득 시계를 보니 일어나야 할 시간이 지나고 있었습니다.
이런 일을 몇 번 경험하면서 하나님께서 깨워주신 것을 알았습니다.
이처럼 자상하신 하나님 손길은 늘 우리 곁에 있으며,
믿고 의지하는 사람을 도와주십니다.

사랑의 힘

하나님이 우리를 사랑하시는 사랑을 우리가 알고 믿었노니
하나님은 사랑이시라 사랑 안에 거하는 자는 하나님 안에 거하고
하나님도 그 안에 거하시느니라
요한일서 4:16

사랑은 불가능해 보이는 일을 가능하게 합니다.

그래서 사랑의 힘을 위대하다고 하지요.

특히 믿음의 사람들을 향한 하나님 사랑은 참으로 놀랍습니다.

감동적인 한 편의 소설이나 영화 같은 이야기들을

그들의 삶에 펼쳐주십니다.

하나님 사랑은 아무것도 할 수 없는 사람을

모든 것을 할 수 있는 사람으로 바꿉니다.

약함을 강함으로, 가난을 부요함으로 바꿉니다.

또한 그분의 사랑의 손이 닿으면 미련한 사람이

지혜로워지고 교만한 사람이 겸손해집니다.

하나님은 간절히 찾는 사람을 만나 주십니다.

우리는 그 크신 사랑 안에서 가장 빛나고 소중한 존재로

새롭게 태어날 수 있습니다.

박 넝쿨도 아꼈거든

하나님의 사랑 안에서 자기를 지키며 영생에 이르도록
우리 주 예수 그리스도의 긍휼을 기다리라
유다서 1:21

성경을 보면 니느웨 백성이 매우 악독하여
하나님은 선지자 요나를 보내어 심판을 경고하셨습니다.
요나는 적국의 수도인 니느웨가 멸망하기를 원하였는데
그들이 회개하여 용서받자 몹시 노하였습니다.
초막을 짓고 성읍이 어찌 되나 지켜보는 요나에게
하나님은 박 넝쿨을 준비하여 그의 머리 위에 두셨습니다.
요나는 그늘이 생겨 매우 좋아하였는데,
이튿날 새벽에 벌레가 넝쿨을 씹자 그만 시들고 말았습니다.
그러자 요나는 뜨거운 햇볕 아래서 차라리 죽기를 구하였습니다.
하나님은 이런 요나에게 '하룻밤 박 넝쿨도 네가 아끼면서
내가 니느웨 백성을 아끼는 것이 당연하지 않느냐'는
깨우침을 주십니다. 우리는 바로 이러한 하나님의 사랑 까닭에
많은 죄를 용서받아 구원과 축복의 길로 가고 있음을 알아야겠습니다.

성실한 삶

공의로 그 허리띠를 삼으며 성실로 몸의 띠를 삼으리라
이사야 11:5

위대한 성경 인물은 단지 믿음만 좋은 것이 아니라,
일상생활에서도 매우 성실하였습니다.
다윗은 목동으로서 양을 칠 때에
사자나 곰에게서 생명을 걸고 양을 지켰습니다.
한창 호기심 왕성한 소년 시절에 홀로 들에 앉아
양 떼를 지키는 일은 그다지 즐겁지만은 않았을 것입니다.
그럼에도 자신의 본분을 다하였고,
하나님께서는 인생의 기초를 성실히 쌓아간 그에게
마침내는 양 떼가 아니라 이스라엘 백성을 다스리게 하셨습니다.
현재 여러분의 본분은 무엇입니까?
주어진 모든 일에 최선을 다하는 것이 훗날을 기약하는
밑거름임을 기억하시기 바랍니다.

귀 기울여야 할 말

여호와의 사자가 주를 경외하는 자를 둘러 진 치고
저희를 건지시는도다
시편 34:7

이스라엘의 아합 왕은 아람과의 전쟁을 앞두고
선지자들을 소집하여 하나님 뜻을 알고자 했습니다.
400인 가량의 거짓 선지자는 전쟁에서 승리할 것이라고 말하지만,
미가야 선지자만은 하나님 말씀을 전하며
패할 것이라는 예언을 합니다.
당시 아합 왕은 전쟁에서 승리하여
땅을 차지하려는 욕심으로 가득 차 있었습니다.
때문에 미가야의 말을 무시하고 전쟁을 일으켜
전쟁터에서 죽고 말았습니다.
내 뜻에 부합하는 말, 유익이 되는 말을 듣는 것이 아니라,
하나님 말씀에 귀를 기울일 때에 형통하며
복된 삶을 영위할 수 있습니다.

사라의 거짓말

중심에 진실함을 주께서 원하시오니
내 속에 지혜를 알게 하시리이다
시편 51:6

어느 날, 하나님께서 아브라함에게
그의 나이 100세에 아들을 낳을 것이라고 말씀하셨습니다.
그때 아내 사라가 집 안에서 그 말씀을 듣고는
도저히 믿기지 않아 속으로 웃었습니다. 그러면서 혼잣말로
'내가 노쇠했는데 어떻게 아들이 생기겠느냐' 합니다.
그 사실을 아신 하나님께서 '왜 웃느냐'고 묻자,
놀란 사라는 '내가 웃지 아니하였나이다' 대답합니다.
이처럼 마음이 진실하지 못하면 자신이 거짓말을 해도
깨닫지 못할 뿐 아니라, 부족함과 잘못을 가리는 데 급급하여
변화의 기회를 놓치고 맙니다.
진실한 사람은 어느 때, 어떤 상황이든 선한 말과 행동이 나옵니다.

비판의 부메랑

비판을 받지 아니하려거든 비판하지 말라 너희의 비판하는 그 비판으로
너희가 비판을 받을 것이요 너희의 헤아리는 그 헤아림으로
너희가 헤아림을 받을 것이니라
마태복음 7:1~2

'비판'이란, 좋고 나쁨, 옳고 그름을 따져 말하는 것으로,
대개 상대의 부정적인 면을 드러낼 때 사용합니다.
그러니 비판받기를 좋아할 사람은 없을 것입니다.
누군가를 비판하고도 정작 자신은
'상대가 어떻게 나를 알고 비판하랴?' 생각하지만,
비판은 부메랑처럼 결국 자신에게 돌아옵니다.
또 '헤아림'이란 '짐작으로 가늠하여 살피다, 미루어 짐작하다'라는
뜻입니다. '이랬을 거야, 저랬을 거야' 하고 사실과 상관없이
자기 추측을 옳게 여기는 것이지요.
이처럼 사람들이 헤아리는 것은 대부분 사실과 맞지 않으며,
이 역시 결국은 부메랑이 되어 자신에게 돌아옵니다.

잠잠히 기다리는 지혜

어리석고 무식한 변론을 버리라 이에서 다툼이 나는 줄 앎이라
디모데후서 2:23

때로는 자신이 하지 않은 일이나 말로 인해
오해를 사는 일이 있습니다.
혹은 선한 의도로 한 행동인데 상대는 전혀 다르게 해석하는가 하면,
근거 없는 중상모략과 비방을 하기도 합니다.
이럴 때에는 시시비비를 따지는 것보다
잠잠한 것이 더 낫습니다. 자기 입장을 변명할수록
잘못된 소문이 더 무성해지기 때문입니다.
또 변론을 해서 자신의 억울함을 밝혀낸다 해도
그로 인해 남의 허물이 드러나고 인간관계가 나빠진다면
하지 않는 편이 낫습니다. 차라리 잠잠하고
상대를 품어주면 나중에 이를 알게 된 상대의 마음이 녹아
서로 깊은 신뢰관계를 맺을 수 있습니다.

대인과 소인

타인으로 너를 칭찬하게 하고 네 입으로는 말며
외인으로 너를 칭찬하게 하고 네 입술로는 말지니라
잠언 27:2

칭찬을 받을 때에 상대에게 그 공을 돌리는 마음,
자신이 대우를 받는 것조차 민망히 여기는 마음은
대인의 마음이며 선한 마음입니다.
반면에, 소인의 마음은 자신에 관해서는
작은 일에도 칭찬받기를 원하지만,
상대에 대해서는 좋은 일을 보고도
자기 생각에 맞지 않으면 싫어하는 것을 봅니다.
선한 사람일수록 좋은 일을 보면 자기 생각에 맞느냐,
안 맞느냐를 따지지 않으며 부질없이 악을 쌓지 않습니다.
선 자체이신 하나님께서는 선한 마음,
넓고 큰 대인의 마음을 가진 사람을 찾아
복된 길로 인도하십니다.

지혜를 담은 책망

대저 명령은 등불이요 법은 빛이요 훈계의 책망은
곧 생명의 길이라
잠언 6:23

누군가의 잘못을 지적하거나 책망할 경우,
먼저 상대의 좋은 점을 칭찬해 주는 것이 효과적입니다.
"이런 것은 참 좋은데 이 부분만 조금 고쳐 보면 어떨까요?" 한다면
상대는 마음 문을 열고 잘못한 점을
긍정적으로 받아들일 수 있습니다.
만일 상대가 칭찬받을 만한 일이 전혀 없다면
차라리 책망을 하지 않는 것이 낫습니다.
칭찬받을 일이 없어 민망한 데다 책망까지 들으면
힘을 잃거나 위축되어 아예 절망에 빠질 수 있기 때문입니다.
이때는 책망보다는 사랑의 권면으로
잘 타이르는 것이 선한 지혜입니다.

아름다운 말을 하려면

내 입은 진리를 말하며 내 입술은 악을 미워하느니라
잠언 8:7

우리는 하루에도 수많은 말을 합니다.
그중에는 긍정적이고 아름다운 것도 있고,
상대의 마음에 상처를 주는 것도 있습니다.
말을 어떻게 하느냐에 따라 삶의 방향이 바뀌기도 합니다.
말은 생각에서 나오고, 생각은 마음에서 나옵니다.
그러니 마음에 있는 악을 버리지 않으면 선한 말을 내기 어렵습니다.
사람은 마음에 있는 것이 입술을 통해 나오기 때문입니다.
비유컨대, 똑같이 이 땅에서 살지만 꽃은 꿀을 주는 반면
독버섯은 독을 줍니다. 결국 자신에게 있는 것을
줄 수밖에 없는 것입니다.
그러니 가장 중요한 것은 진리인 하나님 말씀 안에 살아감으로
마음을 성결케 하는 것임을 알아야겠습니다.

선한 마음

무엇보다도 열심으로 서로 사랑할지니
사랑은 허다한 죄를 덮느니라
베드로전서 4:8

세상에는 입소문 때문에 피해를 입는 사람들이 있습니다.
거짓 소문이라면 고충은 더하겠지요.
요셉은 마리아와 정혼하고 아직 동거하지 않았는데
마리아의 배가 불러오자 가만히 끊으려 합니다.
그는 마리아가 성령으로 잉태한 사실을 몰랐음에도,
당시 율법으로는 돌로 쳐 죽일 수도 있었지만 소문조차 내지 않았습니다.
하나님께서 요셉으로 하여금 아기 예수님을 키우게 하신 것은
그가 이처럼 선한 마음을 가졌기 때문입니다.
한없는 사랑과 용서로 우리를 품어주시는 하나님은
우리 역시 함부로 남을 판단하거나 허물을 전하지 않으며
사랑과 용서의 삶을 살기 원하십니다.

인자한 사람

인자한 자는 자기의 영혼을 이롭게 하고
잔인한 자는 자기의 몸을 해롭게 하느니라
잠언 11:17

인자한 사람은 상대의 단점보다는 장점을 보며,
허물을 보기보다는 오히려 그가 잘했던 점을 기억하고
격려해 주며, 어떻게든 용서하고 다시 기회를 주고자 합니다.
그러니 어느 누구와도 걸림이 되지 않고 삶 자체가
늘 화평을 이루게 됩니다.
이런 사람은 설령 오해를 받아 억울한 누명을 쓰더라도
오히려 그를 아는 사람들이
"그는 결코 그러한 사람이 아니다"라고 나서서 증명해 주며,
그의 든든한 방패가 되어 줄 것입니다.
그러므로 모든 일에 인자한 사람이 되어
항상 평안한 삶을 영위하시기 바랍니다.

적극적인 선

사랑엔 거짓이 없나니 악을 미워하고 선에 속하라
로마서 12:9

값비싼 카펫에 음식물을 쏟고
몹시 걱정하는 자녀가 있다고 합시다.
이때 부모가 "괜찮다" 한다면 자녀는 안도의 숨을 쉬며,
꾸중을 듣지 않았다는 사실만으로도 감사하게 됩니다.
더 나아가 밝은 목소리로
"안 그래도 카펫을 세탁해야 하는데 이번 기회에 하면 되겠구나.
잘됐네!" 한다면 자녀는 어떤 마음이 들까요?
안심할 뿐만 아니라 부모의 자애로운 마음을 느끼면서
다시는 실수하지 않겠다고 명심하게 될 것입니다.
이처럼 용서의 차원을 넘어선 적극적인 선은
어떤 지적이나 책망보다도 상대의 마음에 감동을 주며
변화와 개선의 원동력이 됩니다.

내면이 아름다우면

지혜자와 같은 자 누구며 사리의 해석을 아는 자 누구냐
사람의 지혜는 그 사람의 얼굴에 광채가 나게 하나니
그 얼굴의 사나운 것이 변하느니라
전도서 8:1

요즘에는 외모지상주의라 할 정도로
남녀를 불문하고 외모에 대한 관심이 높습니다.
그러나 외모보다 중요한 것이 사람의 내면이라는 사실에
이의를 달 사람은 없을 것입니다.
내면을 아름답게 만들려면 진리 자체이신
하나님 말씀 안에 살면 됩니다. 마음에 진리가 임한 만큼
삶의 축복과 더불어 외적인 아름다움도 보너스로 따라옵니다.
사나운 인상이 선하고 고운 인상으로 바뀌며,
근심 걱정으로 어두운 얼굴도 영적인 빛이 임하여
반짝반짝 빛나게 됩니다. 평범한 얼굴이라도
남들에게 "그 사람 참 인상이 좋다, 아름답다"는
말을 들을 정도로 호감을 삽니다.

바르실래의 섬김

그런즉 너희는 강하게 하라 손이 약하지 않게 하라
너희 행위에는 상급이 있음이니라
역대하 15:7

이스라엘의 위대한 왕이었던 다윗은
한때 아들 압살롬의 반란으로 왕궁을 떠나 피신한 적이 있습니다.
이때 바르실래라는 사람을 만났는데 그는 먹을 양식도
거할 곳도 없는 다윗 왕과 그 일행을 극진히 섬겼습니다.
이후 반란이 진압되자 다윗 왕은 바르실래에게
함께 왕궁으로 가자고 하지만 그는 정중히 거절합니다.
다윗이 다시 왕권을 잡았으니 부귀영화를 누릴 수 있는 기회임에도
'나이가 많아 왕에게 짐이 될까' 하여 사양한다는 그의 고백은
그동안의 모든 헌신이 어떤 보상을 바라고 한 일이
아니었음을 보여줍니다. 사람은 이해득실에 따라
움직이는 경우가 많은데, 바르실래의 섬김은
진정한 신앙인의 모습이 무엇인지를 깨닫게 합니다.

마중물 원리

너그러운 사람에게는 은혜를 구하는 자가 많고
선물을 주기를 좋아하는 자에게는 사람마다 친구가 되느니라
잠언 19:6

펌프로 지하수를 끌어올릴 때
필요한 한 바가지의 물을 마중물이라고 합니다.
많은 물을 얻기 위해 한 바가지의 물을 부어야 하는 것입니다.
인간관계도 이와 같습니다.
자신의 유익만 구하고 나눠주지 않는 사람은
경제적인 부유함은 누릴지 모르나 마음은 점점 각박해지고
주변 사람도 하나둘 떠나갑니다.
그러나 마중물을 내주듯 다른 사람을
먼저 배려하고 베푸는 사람은
점점 삶이 풍성해지고 많은 사람을 얻습니다.
그래서 성경은 '주는 것이 받는 것보다 낫다' 말씀합니다.

좋은 느낌

이같이 너희 빛을 사람 앞에 비취게 하여 저희로 너희 착한 행실을 보고
하늘에 계신 너희 아버지께 영광을 돌리게 하라
마태복음 5:16

어떤 사람은 '미움'이라는 감정을 버리려 해도,
상대를 볼 때 싫은 느낌이 드는 것은 어쩔 수 없다고 말합니다.
하지만 '느낌'은 생각에 따라 달라집니다.
선한 사람을 보고도 '저 사람이 싫다' 생각하면
안 좋은 느낌과 감정으로 남지만,
내 성격에 맞지 않는 사람도 상대의 입장에서 이해해 주면
좋은 느낌으로 입력됩니다. 또 영화 등에서 폭력적인 장면을 보고,
'멋있다' 생각하면 폭력적인 사람이 될 수도 있지만
'폭력은 남을 고통스럽게 하는구나, 나는 저러지 말자'라고
생각하면 오히려 온화한 사람이 될 수 있습니다.
이처럼 모든 것을 선 가운데 생각하고 좋은 느낌으로
입력하는 사람은 사랑과 선 자체이신 하나님 마음을 닮아갑니다.

기다림의 여유

내가 너희에게 말하노니 무엇이든지 기도하고 구하는 것은
받은 줄로 믿으라 그리하면 너희에게 그대로 되리라
마가복음 11:24

조급한 성품 때문에 일을 그르치는 사람이 많습니다.
이들은 매사 '빨리빨리'를 좋아하지요.
우리는 때로 느긋하게 기다릴 줄 알아야 합니다.
하나님께서 아브라함에게 하늘의 뭇 별처럼 많은 자손을
주겠다고 말씀하셨지만 그가 아들을 얻기까지는
오랜 세월이 흘렀습니다. 그래도 그는 조금도 의심하지 않았고
마침내 100세가 되어서야 아들 이삭을 얻었습니다.
이삭의 아들 야곱을 통해 이스라엘 열두 지파가 형성되었고,
아브라함은 믿음의 조상이 되어 무수한 믿음의 후손을 얻었습니다.
하나님 말씀 그대로 이루어진 것입니다.
많은 크리스천이 무조건 '빨리' 기도 응답을 받기 원하는데
사랑의 하나님은 우리에게 가장 좋은 때에 맞춰 응답해 주십니다.

하나님이 가라사대 천하의 물이 한곳으로 모이고
뭍이 드러나라 하시매 그대로 되니라 하나님이 뭍을 땅이라 칭하시고
모인 물을 바다라 칭하시니라 하나님의 보시기에 좋았더라
창세기 1:9~10

Part 3

우리에게 주신 선물

땅의 생명력 | 모든 것이 창조주로부터 | 신기한 능력 | 창조주의 지혜 | 풀 한 포기에 담긴 사랑
마르지 않는 샘물 | 말의 씨와 열매 | 잃지 않아야 할 것은 | 예수님의 방법 | 쌓이는 힘
진정한 친구 | 선하게 생각하기 | 아브라함의 지혜 | 절제력 기르기 | 풍랑을 보고 무서워하면
열매로 나무를 분별하듯이 | 싯딤 나무 이야기 | 잘 익은 포도처럼 | 은혜의 단비 | 감사의 축복
결실의 시기 | 영원한 상급 | 하나님의 시각 | 사랑의 마음

땅의 생명력

하늘을 창조하여 펴시고 땅과 그 소산을 베푸시며
땅 위의 백성에게 호흡을 주시며
이사야 42:5

사람들은 흔히 '땅이 살아 있다'고 말합니다.
땅에 씨앗을 심으면 싹이 트고 자라 열매를 맺습니다.
이는 땅에 호흡기관이 있는 것은 아니지만 분명히
생명 작용을 하고 있다는 증거입니다.
또 사람이 땅을 밟고 호흡할 때에 그 안에 깃들어 있는 생명력이
사람에게 좋은 영향을 줍니다. 그래서 흙이 전혀 없는 곳에서
오랫동안 생활하면 건강에 이상이 오는 경우가 있다고 합니다.
이러한 땅의 신비로움은 어디서 온 것일까요?
바로 창조주 하나님께서 지구를 만드실 때에
땅에 생명체를 살게 하는 능력을 불어넣으셨기 때문입니다.

모든 것이 창조주로부터

땅이 풀과 각기 종류대로 씨 맺는 채소와 각기 종류대로
씨 가진 열매 맺는 나무를 내니 하나님의 보시기에 좋았더라
창세기 1:12

식물은 햇빛과 물이 있어야 살 수 있습니다. 성경은 하나님께서 6일 동안 천지 만물을 창조하실 때 해보다 식물을 먼저 지으셨다고 기록합니다. 또 바다에는 물이 있지만 아직 비가 내리지 않았기 때문에 육지에는 물이 없었습니다. 왜 하나님은 햇빛이나 물이 없는 상태에서 먼저 식물을 창조하셨을까요? 이는 풀 한 포기가 자라고, 꽃 한 송이가 피어나는 것도 근본적인 능력은 하나님께로부터 왔음을 인생들에게 알려주시기 위함입니다. 우주만물은 우연히 생겨나거나 스스로 생존하는 것이 아니라 창조주 하나님의 주관 아래 있습니다.

신기한 능력

백합화를 생각하여 보아라 실도 만들지 않고 짜지도 아니하느니라
그러나 내가 너희에게 말하노니 솔로몬의 모든 영광으로도 입은 것이
이 꽃 하나만 같지 못하였느니라
누가복음 12:27

해마다 꽃들은 자신의 개화시기에 맞추어 꽃을 피웁니다.

누군가 "개나리, 벚꽃, 목련은 꽃을 피우세요.

다음은 장미입니다" 하며 알려 준 것같이

신기하게 순번을 좇아 정확하게 피어납니다.

또 봄꽃은 낮이 밤보다 긴 시기에,

가을꽃은 밤이 낮보다 긴 시기가 되었을 때 비로소 개화합니다.

이런 신기한 능력은 창조될 당시

하나님께로부터 부여받은 것입니다.

식물들은 저마다 창조 섭리에 순응하여 가장 적절한 시기에

꽃망울을 터뜨려 아름다운 자태를 선보입니다.

창조주의 지혜

만물이 그로 말미암아 지은 바 되었으니
지은 것이 하나도 그가 없이는 된 것이 없느니라
요한복음 1:3

식물을 보면 참 신기하다는 생각이 듭니다.
만일 씨앗이 그 주변에만 떨어진다면 싹을 틔워 자랄 때에
물과 양분이 부족하므로 각각 멀리 흩어지는 것이 유익합니다.
하나님은 이를 고려하여 각 식물이 씨를 가장 효과적으로
퍼뜨리게 하셨습니다. 예컨대, 민들레 씨앗에는
낙하산과 같은 역할을 하는 장치를 주셔서 먼 곳까지 이동케 하셨고,
봉숭아는 씨 주머니가 잘 여물어 터지면서 씨앗이
사방으로 튀어 나가게 하셨습니다.
또 어떤 것은 새나 짐승의 먹이로 제공되어
멀리 퍼뜨릴 수 있게 하셨습니다. 이러한 것만 보아도
창조주 하나님의 지혜에 감탄하게 됩니다.

풀 한 포기에 담긴 사랑

하나님이 가라사대 내가 온 지면의 씨 맺는 모든 채소와
씨 가진 열매 맺는 모든 나무를 너희에게 주노니
너희 식물이 되리라
창세기 1:29

돌나물, 쑥, 냉이 등 식탁에 놓인
갖가지 봄나물은 식욕을 돋우어 줍니다.
요즘은 화학 약품, 화학 비료 사용 등 사람의 욕심으로
자연 환경이 오염되고 있지만 산이나 들에서 나는 식물들은
대부분 우리 몸에 좋은 알칼리성 식품으로
무기질과 비타민, 단백질이 풍부합니다.
하나님께서는 우리 사람을 지으시기 전에
이미 씨 맺는 채소와, 씨 가진 열매 맺는 나무를 만들고
그것을 우리에게 식물로 주셨습니다.
우리가 마음 문을 열면 조그만 풀 한 포기에서도
하나님의 사랑을 느낄 수 있습니다.

마르지 않는 샘물

내가 주는 물을 먹는 자는 영원히 목마르지 아니하리니
나의 주는 물은 그 속에서 영생하도록 솟아나는 샘물이 되리라
요한복음 4:14

오랜 가뭄 끝에 논밭이 타들어 갈 때
간절히 고대하던 단비가 내리면 산천초목은
어느새 푸르른 생명력으로 넘칩니다. 우리의 영혼도
영원히 목마르지 아니한 샘물인 하나님 말씀으로 채우기까지는
그 어느 것으로도 만족할 수 없는 공허와 갈증을 느낍니다.
사람의 본성 속에는 영원을 사모하는 마음이 있으므로
창조주 하나님을 만날 때에 비로소 인생의 참 의미를 알게 되고
영혼의 만족함을 누리게 되는 것입니다.
하나님을 간절히 찾고 그분의 뜻대로 살아갈 때에
하나님께서 그 사람의 인생을 돌보시며
영원히 마르지 않는 샘물의 근원이 되어 주십니다.

말의 씨와 열매

지혜자의 입의 말은 은혜로우나
우매자의 입술은 자기를 삼키나니
전도서 10:12

호박씨를 심으면 호박이 열리고,
사과씨를 심으면 사과가 열립니다.
이와 마찬가지로 어떤 종류의 말로
씨를 심느냐에 따라 열매도 다릅니다.
이스라엘의 사사였던 기드온이 전쟁에서
하나님의 도움으로 대승을 거두었는데, 자신들을 전투에
청하지 않았다 해서 분노한 무리가 있었습니다.
기드온은 맞서 싸우지 않고 그들이 예전에 승리한 전쟁에 대해
상기시키며 "나의 한 일이 어찌 능히 너희의 한 것에
비교되겠느냐" 하며 자신을 낮추고 상대를 높여주는 말을 합니다.
이같은 선한 말의 씨는 화평이라는 열매로 돌아왔습니다.

잃지 않아야 할 것은

사람이 교만하면 낮아지게 되겠고 마음이 겸손하면
영예를 얻으리라
잠언 29:23

'개구리, 올챙이 적 생각 못한다'는 속담이 있습니다.
삶의 형편이 좋아지자 지난날의 어렵던 때를 생각지 않고
처음부터 잘난 듯 뽐낸다는 의미입니다.
성경에도 그런 사람이 있습니다. 이스라엘의 사울은
자신이 왕으로 뽑히자 부끄러워서 숨을 정도로
자신을 낮추는 겸손한 사람이었습니다.
그러나 왕이 된 후에는 교만해져서 하나님 뜻을 거역하다가
결국 버림받기에 이릅니다.
혹 우리는 신앙연륜이 쌓이거나 사업이 번창한다 해서
사울처럼 마음까지 높아지지는 않았습니까?
'선 줄로 생각하는 자는 넘어질까 조심하라' 하신
말씀을 마음 깊이 새겨 겸손한 마음을 잃지 않아야겠습니다.

예수님의 방법

나는 심었고 아볼로는 물을 주었으되
오직 하나님은 자라나게 하셨나니
고린도전서 3:6

예수님의 제자들은 본래 어부, 세리와 같은
다양한 직업을 갖고 있었습니다.
이들은 때로 예수님의 말씀을 이해하지 못하거나
믿음을 갖지 못하는 등 부족한 부분이 많이 있었습니다.
그러나 예수님은 그들의 노력과 중심, 사랑의 마음 등 좋은 점들을 보시고
하나님 앞에 아뢰어 위로와 능력을 받아 사명을 감당하도록
인도하셨습니다. 이처럼 우리도 다른 사람의 성장을 돕고자 한다면
부족함을 보고 지적하고 책망하는 것이 아니라
좋은 점을 격려하며 소망 중에
기다릴 줄 아는 지혜를 소유해야겠습니다.

쌓이는 힘

진실로 다시 너희에게 이르노니 너희 중에 두 사람이
땅에서 합심하여 무엇이든지 구하면 하늘에 계신 내 아버지께서
저희를 위하여 이루게 하시리라
마태복음 18:19

눈송이는 무게를 느낄 수 없을 정도로 매우 가볍습니다.
그런데 이 눈송이가 쌓이면 나뭇가지가 휘어지고 꺾이며,
어마어마한 눈사태를 일으키기도 합니다.
이와 마찬가지로 사소한 생각, 말 한마디,
작은 행동 하나하나가 쌓여 삶에 큰 영향을 미칩니다.
그리고 한 사람의 힘은 미약해 보여도
여러 사람이 힘을 모으면 엄청난 위력을 발휘합니다.
범사에 '이것쯤이야', '나 하나쯤이야' 할 것이 아니라
'이것이라도', '나 하나만이라도' 하는
마음을 가져야겠습니다.

진정한 친구

훈계를 굳게 잡아 놓치지 말고 지키라
이것이 네 생명이니라
잠언 4:13

친밀한 관계라도 상대의 잘못을 책망하기는 쉽지 않습니다.
감정이 상하거나 불이익을 당할 수도 있기 때문입니다.
그러니 진정 상대가 잘되기를 원하고, 그를 위해서
희생할 수 있는 사랑이 있어야 책망도 할 수 있습니다.
이스라엘의 위대한 왕 다윗이 하나님 앞에 죄를 짓자
나단 선지자가 책망한 적이 있습니다.
이에 다윗은 즉시 회개함으로써 하나님께 용서받고
은혜를 회복하였습니다. 이처럼 서로 간에
듣기 좋은 말만 할 것이 아니라 필요하다면 책망도
할 수 있는 것이 진정한 친구이며, 참사랑입니다.

선하게 생각하기

선인은 여호와께 은총을 받으려니와
악을 꾀하는 자는 정죄하심을 받으리라
잠언 12:2

사람은 어떤 생각으로 자신을 만들어 가느냐에 따라
같은 상황에서도 선과 악의 모습으로 갈라집니다.
예컨대, 두 사람이 소곤소곤 이야기를 하면서 웃고 있다고 합시다.
이때 '자기들끼리만 소곤거리니 기분 나쁘다'라고 입력하면
비슷한 상황을 만날 때마다 기분이 나빠집니다.
반면에 '작은 소리로 대화해야 할 내용이 있는가 보다'라고
입력하면, 그런 사람을 볼 때에 '그럴 일이 있나 보다' 여깁니다.
상황은 같지만 반응은 전혀 다릅니다.
하나님은 선한 마음을 가진 사람을 축복하신다는 것을 알아,
모든 것을 선한 눈으로 보고 생각하는 습관을 들여야겠습니다.

아브라함의 지혜

의와 공평을 행하는 것은 제사 드리는 것보다
여호와께서 기쁘게 여기시느니라
잠언 21:3

사람들은 대개 공짜를 좋아합니다.
공짜로 무엇을 준다고 하면 귀가 솔깃하지요.
크리스천들에게 귀감이 되는 아브라함의 경우에는 어떠했을까요?
그는 아내 사라가 임종하였을 때에 매장지를
막벨라 굴로 하고 싶었습니다. 그때 그 땅 족속인 헷 족속과
땅 주인인 에브론이 거저 주고자 합니다.
이때 사람들은 대부분"마침 잘되었다"하며 받기 쉬울 것입니다.
그러나 아브라함은 사심이 없었기에 사람들이 보는 앞에서
정확하게 값을 계산해 줍니다. 그들이 지금은 그냥 주고 싶어 해도
아브라함은 쉽게 변하는 사람의 마음을 알므로
뒷날 생길 수도 있는 시비의 소지를 아예 만들지 않은 것입니다.
"세상에 공짜만큼 비싼 것은 없다"는 말을 기억하며
아브라함의 지혜에 귀 기울여야겠습니다.

절제력 기르기

이기기를 다투는 자마다 모든 일에 절제하나니
저희는 썩을 면류관을 얻고자 하되 우리는 썩지 아니할 것을 얻고자 하노라
고린도전서 9:25

절제란 '정도에 넘지 않도록 알맞게 조절하여 제한하는 것'입니다.
절제하지 못하는 사람은 자기 삶을 어지럽게 만들고
큰 어려움을 자초하기도 합니다.
예컨대, 과식으로 위장이 안 좋아지거나
감정을 다스리지 못하여 폭력으로 이어지기도 합니다.
절제하기 위해서는 무엇보다도 변개함 없는 마음을 이뤄야 합니다.
거짓이 없고 간사함이 없는 진실한 마음을 이루면
'내가 이렇게 해야겠다' 결심할 때 그대로 행할 수 있는 힘이
생기기 때문입니다. 물론 이런 마음을 하루아침에
이룰 수 있는 것은 아닙니다. 일단은 작은 일 하나에서부터
자신의 마음을 지키는 훈련을 해야 합니다.
한 번 마음을 정하면 자기 유익을 좇아 변개하지 말아야 하며
이런 노력이 쌓이면 절제의 능력이 생깁니다.

풍랑을 보고 무서워하면

믿음의 주요 또 온전케 하시는 이인 예수를 바라보자
히브리서 12:2

예수님이 바다 위를 걸어오실 때에 베드로는
"나를 명하사 물 위로 오라 하소서" 하였습니다.
베드로가 예수님의 부름에 배에서 내려 물 위로 걸어가다가
그만 바람을 보고 무서워하여 물에 빠졌습니다.
우리가 믿음 가운데 예수님을 바라보고 행할 때에는
한계를 뛰어넘고 환경을 초월하는 놀라운 능력을
발휘할 수 있습니다. 그러나 눈앞에 풍랑을 바라보고
문제에 시선을 고정시키는 순간
믿음이 사라지고 그대로 좌절할 수밖에 없습니다.
해바라기가 해를 닮은 꽃을 피우듯
예수님만 바라보는 사람의 인생은 그분을 닮아
아름답게 피어납니다.

열매로 나무를 분별하듯이

그의 열매로 그들을 알지니 가시나무에서 포도를,
또는 엉겅퀴에서 무화과를 따겠느냐
마태복음 7:16

우리는 나무에 포도가 열리면
그 나무가 포도나무라는 것을 알고,
사과가 열리면 사과나무라는 것을 알 수 있습니다.
줄기와 잎사귀만 보고는 어떤 나무인지 구별하기 어려워도
열매를 보면 정확히 알 수 있습니다.
우리 사람의 경우도
누가 선한 사람인지 악한 사람인지, 믿음이 있는지 없는지는
그 사람의 열매를 보면 알 수 있습니다.
아무리 지식과 교양으로 그럴듯하게 겉모습을 꾸민다 해도
그 속에 거짓이 있는 한은
결코 선한 열매를 맺을 수 없습니다.

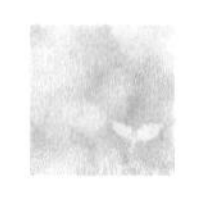

싯딤 나무 이야기

그는 물가에 심기운 나무가 그 뿌리를 강변에 뻗치고 더위가 올지라도
두려워 아니하며 그 잎이 청청하며 가무는 해에도 걱정이 없고
결실이 그치지 아니함 같으리라
예레미야 17:8

이스라엘 광야의 싯딤 나무는
척박한 환경을 견디느라 볼품없는 모습이지만 매우 견고합니다.
땅 속 수십 미터나 뿌리를 내리고 지하수를 찾아내어
생명을 유지해가는 사이 튼튼한 나무로 성장한 것입니다.
하나님께서는 이 나무로 법궤를 만들고 황금으로 입힌 후
십계명이 기록된 돌판을 넣어 성소에 두게 하셨습니다.
또 이 나무는 그 외 성막의 목재로도 사용되었습니다.
이와 마찬가지로 어려운 환경 속에서도
생명의 말씀에 깊이 뿌리를 내린 사람은
오히려 굳건한 믿음 위에 존귀한 삶을 살며,
귀한 곳에 쓰임 받습니다.

잘 익은 포도처럼

모든 선한 일에 너희를 온전케 하사 자기 뜻을 행하게 하시고
그 앞에 즐거운 것을 예수 그리스도로 말미암아
우리 속에 이루시기를 원하노라
히브리서 13:21

포도가 익는 과정을 보면,

꽃이 떨어진 자리에 작은 알맹이가 생겨

점점 커지면서 짙은 보랏빛으로 물들어 갑니다.

같은 송이에 달린 포도 알이라도 초록색이 더 많은

작은 열매도 있고 거의 보라색이 된 굵은 열매도 있습니다.

우리 각 사람을 보아도

사랑은 많은데 절제하는 마음이 약한 사람이 있는가 하면,

맺고 끊는 면은 뛰어난데 온유함이 부족한 사람도 있습니다.

한 송이의 포도가 극상품의 가치를 지니기 위해서는

모든 알맹이가 크게 자라서 보라색으로 무르익어야 하듯이,

우리 사람도 사랑, 온유, 화평, 절제 등 모든 면에서

두루두루 갖출 때 아름다운 인격체가 됩니다.

은혜의 단비

예수께서 이르시되 할 수 있거든이 무슨 말이냐 믿는 자에게는
능치 못할 일이 없느니라 하시니
마가복음 9:23

농부가 비 온 뒤에 잡초를 뽑는다면
굳이 호미를 대지 않고 손으로도 잘 뽑을 수 있습니다.
땅을 고르게 하기 위해 흙을 엎을 때도
비에 젖어 있으면 메마른 땅보다
훨씬 부드럽기 때문에 수월하게 일굴 수 있습니다.
우리의 삶도 이와 같습니다.
많은 시간을 들여서 풀어가야 할 것 같은
어려운 인생의 문제들이
하나님께서 은혜를 주시면 순간에도 해결됩니다.
하나님께서는 사람으로서는 할 수 없는 것을 해결하며
형통케 인도하는 전지전능하신 분이기 때문입니다.

감사의 축복

범사에 우리 주 예수 그리스도의 이름으로
항상 아버지 하나님께 감사하며
에베소서 5:20

제가 책가게를 하던 시절, 금식기도를 하고 왔더니 가게에 도둑이 들어 많은 책이 없어졌습니다. 저는 "하나님, 오래된 책을 치워 주셔서 감사합니다"라고 중심으로 기도를 드렸습니다. 그 후 범인을 잡았다는 연락을 받았는데 고등학생이었습니다. 저희 부부는 선처를 호소했고, 학생의 부모님은 저희가 극구 사양함에도 책값을 배상하였을 뿐 아니라 저희 부부의 행함에 은혜를 받아 하나님을 믿게 되었습니다. 만일 제가 "금식하고 왔는데 이럴 수가 있는가!" 하고 불평했다면 하나님의 역사를 체험하지 못했을 것입니다. 이처럼 우리가 어떤 상황에 처한다 해도 거기에는 반드시 하나님의 뜻이 있음을 믿고 기뻐하고 감사할 때 예비하신 축복을 넘치게 받을 수 있습니다.

결실의 시기

천하에 범사가 기한이 있고 모든 목적이 이룰 때가 있나니
전도서 3:1

봄이 되어 겨울잠에서 깨어난 나무들이
꽃을 피우고 그 꽃이 다 질 때까지
대추나무는 푸른 이파리 하나 내지 않다가
뒤늦게 꽃을 피웁니다.
출발이 늦은 대신 한 번 꽃을 피워 열매를 맺은 후에는
초여름과 늦가을에도 꽃을 피워
한꺼번에 열매를 익히기 때문에
해마다 풍성한 열매를 자랑합니다.
우리가 성실히 행하여도 열매는 고사하고
꽃조차 피지 않는다 해도 실망할 필요가 없는 것은
각기 결실할 때가 다르며 더 풍성히 거둘 수도 있기 때문입니다.

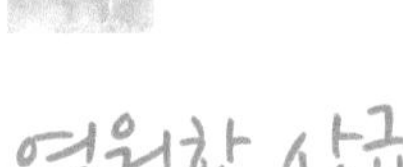

영원한 상급

보라 내가 속히 오리니 내가 줄 상이 내게 있어
각 사람에게 그의 일한 대로 갚아 주리라
요한계시록 22:12

만일 '하루'라는 시간을 주고 돌을 주워 오는 만큼
금덩어리와 바꿔준다고 하면 사람들은 어떻게 할까요?
시계가 '땡' 하고 0시를 가리키는 순간부터 시작하여
마지막 1분이 다하기까지 부지런히 돌을 나르겠지요.
다른 일정이 있어도 모두 취소하고 식사 시간이나
쉬는 시간도 아까워할 것입니다.
그 하루 동안 한 일에 따라 '얼마나 부자가 되는지'가
결정되기 때문입니다. 하늘의 상도 이와 같습니다.
우리 영혼을 부르시는 그날까지 어떤 삶을 사느냐에 따라
영원한 상급이 결정됩니다. 이 소망이 있는 사람은 촌음을 아끼며,
예수 그리스도의 사랑의 전도자가 되기를 지체하지 않습니다.

하나님의 시각

사람의 행위가 자기 보기에는 모두 깨끗하여도
여호와는 심령을 감찰하시느니라
잠언 16:2

노벨은 자신을 '다이너마이트 발명으로
인류에 큰 공을 세운 사람'이라 생각했습니다.
그러나 사람들의 눈에 비친 자신은 '죽음의 상인'에
불과하다는 사실을 알고 큰 충격을 받았습니다.
스스로 생각하는 자신과 남의 눈에 비친 모습은
전혀 다를 수 있습니다.
다른 사람의 시각으로 스스로를 점검한다면
자신의 부족함을 발견하는 데 큰 도움이 될 수 있습니다.
이보다 더 중요한 것은 하나님께서 바라보시는 시각입니다.
마음 중심을 감찰하시는 하나님의 인정을 받을 수 있는 사람은
자기를 주장하지 않고 모든 사람과 화평을 이루는 사람입니다.

사랑의 마음

사랑은 이웃에게 악을 행치 아니하나니
그러므로 사랑은 율법의 완성이니라
로마서 13:10

날씨가 흐리자 남편이 아내에게
'우산을 가지고 외출하라'고 당부했습니다.
아내는 그 말을 건성으로 들었다가 비를 흠뻑 맞고
심한 감기에 걸렸습니다.
아마 이런 경우에 "거봐, 내 말 안 듣더니" 할
남편이 많을 것입니다.
그러나 진정 아내를 사랑하는 남편이라면
잘못을 탓하기 전에 먼저 아내를 걱정합니다.
상대의 옳고 그름을 분별하는 것도 필요하지만,
그보다 중요한 것은
상대의 입장을 이해하고 배려하는 것입니다.
이것이 하나님이 원하시는 사랑의 마음입니다.

하나님이 두 큰 광명을 만드사 큰 광명으로 낮을 주관하게 하시고
작은 광명으로 밤을 주관하게 하시며 또 별들을 만드시고
하나님이 그것들을 하늘의 궁창에 두어 땅에 비취게 하시며
주야를 주관하게 하시며 빛과 어두움을 나뉘게 하시니라 하나님의 보시기에 좋았더라
창세기 1:16~18

Part 4

우리 삶의 등불

달과 별

하나님이 두 큰 광명을 만드사 큰 광명으로 낮을 주관하게 하시고
작은 광명으로 밤을 주관하게 하시며 또 별들을 만드시고
창세기 1:16

창조주 하나님은 해와 달뿐 아니라
무수한 별을 지으셔서 이 땅을 비추게 하셨습니다.
해가 있으므로 밝은 낮이 생기고
어두운 밤 동안에도 달과 별들이 있어서
그 빛으로 사람들의 길을 인도합니다.
이 세상을 살다 보면
낮과 같은 탄탄대로의 삶이 펼쳐질 때가 있는가 하면
어두운 밤과 같은 고난의 시기를 지날 때도 있습니다.
이럴 때에도 낮의 해뿐 아니라 밤의 달도 지으신
창조주를 믿는 사람은 고난을 극복할 새 힘을 얻습니다.
밤하늘에 빛나는 달과 별들을 통해서도
지극한 사랑을 베푸시는 하나님 사랑을 깨달아
행복한 삶을 영위하시기 바랍니다.

우주의 신비

너희는 눈을 높이 들어 누가 이 모든 것을 창조하였나 보라
주께서는 수효대로 만상을 이끌어 내시고 각각 그 이름을 부르시나니
그의 권세가 크고 그의 능력이 강하므로 하나도 빠짐이 없느니라
이사야 40:26

우주에 떠 있는 셀 수 없이 많은 항성과 행성, 위성들을 보면
한 가지 공통점을 발견할 수 있습니다.
그 모양이 모두 공처럼 둥글다는 점입니다.
강어귀나 바닷가에서 볼 수 있는 조약돌은
비바람에 바위가 잘게 쪼개지고 모난 부분이 깎여서 만들어집니다.
그런 조약돌도 모두가 구형은 아닙니다.
어떤 것은 둥글납작하고, 어떤 것은 길쭉합니다.
수천 년의 세월 동안 모난 부분이 깎였다 해도 모양은 제각각입니다.
그런데 해와 달을 비롯한 우주 공간의 무수한 별은
모두가 공과 같은 구형입니다.
이는 창조주 하나님께서 이것들을 가장 완벽한 균형미를 가진
원형으로 설계하여 만드셨기 때문입니다.

꿈을 잃지 말자

가난한 자를 불쌍히 여기는 것은
여호와께 꾸이는 것이니 그 선행을 갚아주시리라
잠언 19:17

얼마 전, 어려운 이웃을 돕는 데 써 달라며
수십억을 기부하면서 자신의 얼굴은 물론, 기부 자체가
언론에 알려지는 것을 원치 않아 얼굴 없는 천사로
불린 사람이 있습니다.
비가 오면 줄줄 새던 판잣집 시절이 잊히지 않아
이웃을 돕기 시작했다는 고백을 통해
그의 인생 여정이 어떠했을지 짐작할 수 있지요.
가난을 겪어본 사람이 가난한 사람의 심정을 알며,
아픔을 겪어본 사람이 아픈 사람의 심정을
참으로 이해하며 긍휼을 베풀 수 있습니다.
현실이 어렵다 해서 불행으로 단정할 것이 아니라
오히려 꿈을 이뤄가는 성숙의 과정으로 삼을 수 있어야겠습니다.

목표를 이루기까지

나의 가는 길을 오직 그가 아시나니
그가 나를 단련하신 후에는 내가 정금같이 나오리라
욥기 23:10

성공한 사람들의 공통점 중 하나가
'철저한 준비'라고 합니다.
"누군가 내게 나무를 자르는 데 여섯 시간을 준다면
나는 그중 네 시간을 도끼 고르는 데 쓰겠다"고 한 링컨의 말처럼,
목표를 세우는 것도 중요하지만,
그것을 이루기 위한 준비과정 또한 중요합니다.
목표가 클수록 더욱 철저한 준비가 필요하고,
거기에는 반드시 인내가 따릅니다.
운동선수가 올림픽에서 메달을 얻기까지
고된 훈련을 인내하듯이,
범사에 성실과 인내로써 잘 준비하는 사람에게는
반드시 목표를 이루는 감격의 순간이 옵니다.

새 힘을 얻는 비결

오직 여호와를 앙망하는 자는 새 힘을 얻으리니 독수리의 날개치며
올라감 같을 것이요 달음박질하여도 곤비치 아니하겠고
걸어가도 피곤치 아니하리로다
이사야 40:31

눈보라 치는 밤 알프스 산에서 자신이 길을

잘못 들었다고 생각하고 절망하여 죽은 사람이 있었습니다.

그런데 안타깝게도 그 지점은

산장이 있는 정상에서 겨우 5미터밖에

떨어져 있지 않은 곳이었습니다.

사람은 저마다 인생의 목표가 있습니다.

그것이 시험의 합격이나 사업의 성공일 수도 있고

크리스천이라면 아름다운 천국에 들어가는 것일 수도 있습니다.

이를 이뤄가는 과정 중에 눈보라와 같은 시련이나

칠흑 같은 고난에 직면해도 끝까지 믿음으로 행군한다면

하나님께서 새 힘을 부어주셔서 능히 목적지에 도달할 수 있습니다.

사랑하는 사람과 함께 가면

하나님을 사랑하는 것은 이것이니 우리가 그의 계명들을 지키는 것이라
그의 계명들은 무거운 것이 아니니로다
요한일서 5:3

영국의 한 광고회사가 스코틀랜드의 에든버러에서
런던까지 가장 빨리 가는 방법을 묻는 퀴즈를 냈습니다.
많은 참가자의 답 중에 '사랑하는 사람과 함께 간다'는
답이 채택되어 큰 상이 주어졌다고 합니다.
사랑하는 사람과 함께라면 먼 거리도
즐거운 마음으로 갈 수 있기에 가깝게 느껴지며,
사랑하는 사람의 부탁은 어려운 것이라도 기꺼이 들어주고자 합니다.
마찬가지로 우리가 하나님을 사랑하면
말씀대로 행하는 것이 어렵지 않고 오히려 행복하며,
이런 사람은 하나님께서 늘 함께하며
범사에 형통한 축복을 주십니다.

가장 소중한 것

그런즉 믿음, 소망, 사랑, 이 세 가지는 항상 있을 것인데
그중에 제일은 사랑이라
고린도전서 13:13

만일 원하는 것 한 가지를 천국에
가져갈 수 있다면 무엇을 갖고 가시겠습니까?
광대한 제국을 이룬 알렉산더 대왕은
'나의 관 양쪽에 구멍을 내고 손을 내밀게 하라'는 유언을 하였습니다.
이는 죽을 때 아무것도 가지고 가지 않았다는 것을
사람들에게 보여 주고자 함이었습니다.
이 땅의 삶을 마감하는 날에는 신령한 몸을 입은 영혼만이 천국에 갑니다.
설령 이 세상에서 귀히 여기는 금은보석을 가져간다 해도
천국에서는 아무 쓸모가 없습니다. 그러나 단 한 가지,
이 땅에서 가져가면 천국에서도 매우 가치 있는 것이 있습니다.
바로 '사랑'입니다. 진정한 사랑은 예수 그리스도의 마음을 닮은 만큼
가질 수 있습니다. 바로 이 사랑만이 영원한 것이며,
우리가 소유해야 할 가장 소중한 것입니다.

사랑의 조건

외모로 보시지 않고 각 사람의 행위대로 판단하시는 자를
너희가 아버지라 부른즉 너희의 나그네로 있을 때를
두려움으로 지내라
베드로전서 1:17

혹 여러분 중에 '나는 왜 사랑받지 못할까? 얼굴이 예쁘지 않고 내세울 것이 없어서일까?'라는 생각을 하는 분이 계십니까? 이런 이유로 자신이 사랑받지 못한다고 생각한다면 그것은 오산입니다. 만일 이런 외형의 조건이 사랑의 이유였다면 그 사랑은 오래가지 못합니다. 겉으로 드러난 조건이 바뀌거나, 더 나은 조건을 가진 사람이 나타나면 이내 마음이 바뀔 수 있기 때문입니다. 변함없는 참사랑을 얻으려면 껍데기에 불과한 외적인 조건이 아니라 알맹이에 해당하는 내 영혼이 사랑스럽게 변화해야 합니다. 바로 악이 없는 선한 마음이 되어야 하는 것입니다. 그런 사람은 상대를 감동케 할 뿐 아니라, 그리스도의 향기를 발함으로 많은 사람의 사랑과 칭찬을 받습니다.

선한 마음이 빛을 내려면

네가 보거니와 믿음이 그의 행함과 함께 일하고
행함으로 믿음이 온전케 되었느니라
야고보서 2:22

"구슬이 서 말이라도 꿰어야 보배"라는 말이 있습니다.
아무리 훌륭하고 좋은 것이라도 다듬고 정리하여
쓸모 있게 만들어야 값어치가 있다는 의미입니다.
하나님 안에서도 그렇습니다.
선한 마음이 빛을 내기 위해서는 행함이 중요합니다.
예컨대, 어려운 처지에 있는 사람을 보며
마음으로만 걱정하는 것과 작은 것이라도 나누며
힘이 되어 주는 것은 매우 다릅니다.
작은 선물 하나, 따뜻한 격려의 말 한마디 역시
하는 것과 하지 않는 것은 많은 차이가 납니다.
선한 행함으로써 상대에게 힘이 되어줄 때
그 선한 마음이 비로소 빛이 나며,
더 큰 하나님 사랑과 축복을 받을 수 있습니다.

마음을 점검하자

예루살렘아 네 마음의 악을 씻어 버리라
그리하면 구원을 얻으리라 네 악한 생각이 네 속에
얼마나 오래 머물겠느냐
예레미야 4:14

불의를 저지른 사람이 잘 사는 것처럼 보이면
불평하거나 시기하는 사람이 있습니다.
그들의 풍요로운 삶이
마음을 흔들리게 할 만큼 좋아 보이기도 하고,
부정한 방법으로도 번창할 수 있는 것 같기 때문입니다.
이는 '심은 대로 거두는' 하나님 공의를
믿지 못하고 의심하는 것일 뿐 아니라,
자신에게도 악한 마음이 있다는 증거입니다.
부러워하고 불평하는 마음 자체가
자신도 악한 일을 할 소지가 나분히 있음을 의미하기 때문입니다.
진정 하나님 안에 사는 사람에게는 불평이나
시기가 없음을 알아 자신의 마음을 늘 점검하는
깨어 있는 신앙생활을 해야겠습니다.

서운함

하나님이 능히 모든 은혜를 너희에게 넘치게 하시나니
이는 너희로 모든 일에 항상 모든 것이 넉넉하여
모든 착한 일을 넘치게 하게 하려 하심이라
고린도후서 9:8

서운함은 대개 자신이 원하는 만큼
어떤 것을 얻지 못할 때에 생깁니다.
서운해하는 사람은 자신이 좋은 것을 양보해야 했고
불이익을 당했기 때문에 좋은 것을 가진 상대를 탓합니다.
성경 인물 중 아브라함은 조카 롯과 함께 살다가
서로 떨어져 살아야 할 상황에 이르자,
롯에게 먼저 좋은 땅을 선택할 기회를 줍니다.
윗사람임에도 롯이 비옥한 땅을 택해 떠날 때에
조금도 서운해하지 않았습니다.
하나님께서는 이처럼 선한 아브라함에게 큰 축복을 주셨지요.
우리가 하나님만을 바라보는 참된 그리스도인이 되면
상대가 좋은 것을 갖는다고 해서 서운함이 틈타지 않으며,
오히려 기뻐합니다.

부드러운 혀는 뼈를 꺾는다

오래 참으면 관원이 그 말을 용납하나니
부드러운 혀는 뼈를 꺾느니라
잠언 25:15

살다 보면 억울하게 누명을 쓰는 경우가 있습니다.
이때 분을 이기지 못하여
악을 발하는 사람들이 있는데 그런 행동은
오히려 상황을 악화시킵니다.
그보다는 상대의 말이 끝나기를 잠잠히 기다렸다가
부드러운 말로 사실을 밝히는 것이 훨씬 낫습니다.
오래 참음과 부드러운 말은
다른 사람들에게 좋은 인상을 심어줄 뿐만 아니라 설득력이 있어
누명을 벗을 수 있는 길도 열어 줍니다.
말 한마디의 힘이 얼마나 큰지를 깨달아
부드러운 말로 상대를 감동시키며
문제를 해결하는 지혜자가 되시기 바랍니다.

진정한 힘

또 아는 것은 하나님의 아들이 이르러 우리에게 지각을 주사
우리로 참된 자를 알게 하신 것과 또한 우리가 참된 자 곧 그의 아들
예수 그리스도 안에 있는 것이니 그는 참 하나님이시요 영생이시라
요한일서 5:20

인류 구원을 위해 이 땅에 오신 예수님은
수많은 기사와 표적을 행하셨습니다.
말씀 한마디로도 바다를 잠잠케 하시는가 하면,
각색 병든 사람을 치료하여 온전케 하셨습니다.
사람이 할 수 없는 놀라운 일을 하시는 그분을 만난
사람들이 느낀 것은 '겸손과 섬김'이었습니다.
늘 많은 사람이 그분에게 몰려들어 때로는 잡수시지도,
주무시지도 못하였지만 어린아이 하나까지도 섬기셨습니다.
이런 예수님의 모습은 많은 이의 마음을 움직여
진리의 사람으로 나오게 했습니다.
진정 사람을 변화케 하는 힘은
큰 권세나 위엄에 있지 않다는 것을 알 수 있습니다.

그분이 함께하면

그러나 하나님께서 세상의 미련한 것들을 택하사
지혜 있는 자들을 부끄럽게 하려 하시고 세상의 약한 것들을 택하사
강한 것들을 부끄럽게 하려 하시며
고린도전서 1:27

하나님께서는 조건이나 능력을 보고 사람을 쓰시는 것이 아닙니다.

재물이 많든 적든, 배움이 많든 적든,

성격이 외향적이든 내성적이든 상관없습니다.

저는 하나님을 만나기 전, 긴 투병 생활로

가정의 행복이 깨지고 엄청난 부채로 고통 속에 살았습니다.

그런 제가 목회자가 되리라고는 상상도 못했습니다.

그러나 하나님 앞에 무릎 꿇는 순간 모든 질병이 치료되었고,

가정의 행복을 되찾았으며, 하나님 축복 속에

단기간에 부채를 갚고, 이후 하나님의 부름을 받아

복음을 전하는 주의 종의 삶을 사게 되었습니다.

약하고 보잘것없는 사람이라도 하나님이 함께하시면

누구나 가치 있는 인생을 살 수 있습니다.

사랑의 경책

사람을 경책하는 자는 혀로 아첨하는 자보다
나중에 더욱 사랑을 받느니라
잠언 28:23

사람들은 대개 칭찬 듣기는 좋아하지만
잘못에 대한 경책은 달게 여기지 않습니다.
누군가 자신의 잘못을 깨우쳐 주고자 책망하면
불편한 마음이 드는 것입니다.
하지만 만일 자신이 잘못된 길로 가고 있는데도
모두가 칭찬만 해 준다면 과연 그것이 고마운 일일까요?
스스로 잘하는 줄로 착각하다가 결국 어려움에 빠지고 나면
그때서야 "진실로 나를 사랑하는 사람이 없구나" 하고
뼈아픈 탄식을 하게 될 것입니다.
반대로 책망을 통해 자신을 바로잡아 준 사람이 있다면
그의 진심 어린 사랑을 깨닫고 더욱 믿으며 사랑하게 됩니다.

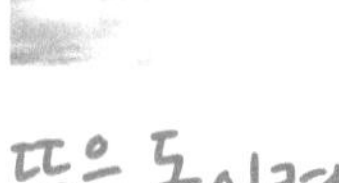

뜻을 돌이켜

너희는 옷을 찢지 말고 마음을 찢고 너희 하나님 여호와께로 돌아올지어다
그는 은혜로우시며 자비로우시며 노하기를 더디하시며
인애가 크시사 뜻을 돌이켜 재앙을 내리지 아니하시나니
요엘 2:13

간혹 '하나님은 저렇게 악한 사람도 용서하실까?' 생각하는
사람이 있습니다. 이는 사랑 자체인 하나님 마음을
모르기 때문에 하는 말입니다.
요나서에 보면 니느웨 성 사람들의 악이
심히 크자 하나님은 요나 선지자를 보내
'사십 일이 지나면 성이 무너질 것'을 경고하셨습니다.
이런 경고를 받을 정도면 이미 용서받기 힘든 상태이지요.
그러나 그들은 회개하였고,
하나님은 용서하셨습니다.
비록 용서받기 어려운 죄를 저질렀다 해도
철저히 죄에서 돌이키면 긍휼히 여기는 것이 하나님 마음입니다.

나 하나쯤이야

너희는 내 법도를 행하며 내 규례를 지켜 행하라
그리하면 너희가 그 땅에 안전히 거할 것이라
레위기 25:18

규칙이나 약속을 쉽게 어기는 사람들이 있습니다.
나 한 사람 지키지 않는다고 해서 크게 문제 될 일이 없다고
생각하는 것입니다. 성경에 '나 하나쯤이야' 했다가
엄청난 결과를 초래한 인물이 있습니다. 바로 아간입니다.
그는 하나님 말씀을 어기고 여리고 성 전투에서
하나님께 드려야 할 것 중 값비싼 외투 한 벌과 금, 은 따위를 훔쳐
자기 장막에 숨겨 놓았습니다.
승승장구하던 이스라엘이 작은 아이 성 전투에서
그 한 사람의 범죄 때문에 대패하였습니다.
이렇게 범죄한 아간이 죽고 나서야
이스라엘은 승리의 역사를 이어갈 수 있었습니다.
매사에 '나 하나쯤이야'라는 안일함을 버리고
규칙이나 약속을 이행하는 사람이 되어야겠습니다.

정결한 유리병이 되면

하나님의 말씀과 기도로 거룩하여짐이니라
디모데전서 4:5

우리는 상대의 말을 통해 감동과 교훈을 얻고
새로운 삶의 길을 제시받기도 합니다.
더구나 하나님 말씀은 듣는 사람에게
놀라운 생명의 역사를 나타냅니다.
그런데 동일한 하나님의 말씀이라 할지라도
어떤 사람에게서 듣느냐에 따라 차이가 납니다.
전하는 사람이 하나님께서 원하시는
거룩한 그릇이 된 만큼
상대에게 미치는 영향력이 커집니다.
정결한 유리병을 통과한 빛은 본래의 밝은 빛을 발하지만
이물질이 묻은 만큼 그 밝기가 흐려지는 것과 같은 이치입니다.
흠과 티가 없는 깨끗한 마음으로 말씀을 전할 때에
상대에게 변화의 역사가 나타납니다.

부당한 일을 만났을 때

너는 악을 갚겠다 말하지 말고 여호와를 기다리라
그가 너를 구원하시리라
잠언 20:22

사람들은 대개 억울한 일을 당하면
다투는 경우가 많습니다.
그러나 하나님께서는 모든 일을 선 가운데 행하기 원하십니다.
어느 날, 아브라함의 아들 이삭은 부당한 일을 당하였습니다.
당시는 물이 귀하던 때라 우물은 생명줄과도 같았습니다.
그런데 그를 시기하는 사람들이 그의 우물을 메워버렸습니다.
한 번도 아니고 몇 차례나 계속되었지요.
그럼에도 이삭은 그들과 다투지 않았습니다.
성경은 그가 더욱 복을 받아 땅의 경계가 넓어졌다고 기록합니다.
이처럼 우리가 혹 부당한 일을 당하더라도
선과 화평을 좇으면 당장은 손해인 것 같지만
결과는 축복으로 돌아옵니다.

인생의 지렛대

나는 여호와요 모든 육체의 하나님이라 내게 능치 못한 일이 있겠느냐
예레미야 32:27

지렛대는 무거운 물건도 쉽게 움직일 수 있습니다.
우리 인생에도 가정, 일터, 사업터, 건강 등의
무거운 인생 문제를 번쩍 들어 올려 해결해 줄 수 있는
지렛대가 있으면 얼마나 좋을까요.
그런데 놀랍게도 그런 지렛대를 가질 수 있습니다.
하나님 안에는 불가능이 없기 때문입니다.
누구든지 성경 66권에 기록된
하나님 말씀 안에 살면 성경에 나오는 기적을
오늘날에도 체험할 수 있습니다.
전능하신 하나님 안에서 인생의 지렛대를 찾아
범사에 형통함을 누리시기 바랍니다.

마음 키우기

노하기를 더디하는 자는 용사보다 낫고
자기의 마음을 다스리는 자는 성을 빼앗는 자보다 나으니라
잠언 16:32

소금 한 스푼을 음식이 가득한 가마솥에 넣으면
그다지 맛의 변화가 없습니다.
그런데 작은 냄비에 든 음식에
같은 양의 소금을 넣으면 짠맛이 훨씬 강해집니다.
그릇의 크기에 따라 반응 정도가 다른 것입니다.
일상생활에서 사람의 마음도
그 크기에 따라 다양한 반응을 보입니다.
마음이 큰 사람은 웬만한 일로는 평정을 잃지 않지만,
마음이 작은 사람은 사소한 일에도 요동합니다.
많은 사람을 품고 큰일을 이루려면
그만큼 마음을 넓혀야 합니다.
그러기 위해서는 어떤 상황에서도 긍정적으로 생각하며
마음을 선으로 다스리는 훈련이 필요합니다.

복의 근원

모든 성경은 하나님의 감동으로 된 것으로
교훈과 책망과 바르게 함과 의로 교육하기에 유익하니
디모데후서 3:16

오늘날에는 많은 물질과 높은 지위를
성공의 척도로 보는 경향이 있습니다.
남들과의 경쟁에서 이기려고 자기계발에 몰두하고,
온갖 정보를 통해 재물을 늘리려고 애를 씁니다.
그러나 크리스천은 하나님 말씀에 순종하는 삶에 우선을 두어야 합니다.
복의 근원은 바로 하나님이기 때문입니다. 말씀 안에 살며
자신의 일에 최선을 다하는 것이 올바른 삶의 태도인 것입니다.
미국의 초대 대통령 조지 워싱턴의 어머니가
생일을 맞았을 때의 일입니다. 축하객 중 한 명이
"어떻게 아드님을 위대하게 만드셨습니까?"라고 질문하자,
그녀는 당당히 대답했다고 합니다.
"특별한 것은 없습니다. 아들에게 하나님 말씀에
절대 순종할 것을 가르쳐 주었을 뿐입니다"

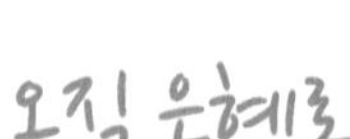

오직 은혜로

우리가 아직 죄인되었을 때에 그리스도께서 우리를 위하여 죽으심으로
하나님께서 우리에게 대한 자기의 사랑을 확증하셨느니라
로마서 5:8

어떤 사람이 큰 죄를 지어서 한 달 후에 사형을 당하게 되었다면
그 전까지 화려한 집과 옷, 산해진미가 주어진다 해도
행복하기는커녕 오히려 하루하루가 끔찍할 것입니다.
그런데 갑자기 특별 사면령이 내려져 사형 집행이 취소된다면 어떨까요?
그 감격과 기쁨은 이루 다 말할 수 없을 것입니다.
바로 이러한 은혜를 우리가 받았습니다.
인류의 조상 아담이 선악과를 먹는 죄를 범한 이후
아담과 그 후손들은 죄의 대가로 지옥에 갈 수밖에 없었습니다.
이러한 우리에게 사랑의 하나님께서는 아무 죄도 없는
독생자 예수님을 십자가에 내줌으로써 우리 죄를 감당케 하셨습니다.
이로써 우리에게 구원의 문이 열렸으니
얼마나 크신 하나님 은혜입니까.

능력 주시는 자 안에서

내게 능력 주시는 자 안에서 내가 모든 것을 할 수 있느니라
빌립보서 4:13

겨자씨는 볼펜으로 점을 찍은 정도의 크기입니다.
이 씨앗에서 싹이 나고 자라면
나무 높이가 3미터에 이른다니 놀랍습니다.
이는 하나님 안에서 우리의 삶에도 적용됩니다.
성경 인물 중 베드로는 평범한 어부였지만,
예수님을 따름으로써 뒷날 위대한 사도가 되어
수많은 사람을 주님께로 인도하였습니다.
하나님께서는 작은 씨앗과 다름없는 사람이라도
그를 들어 위대한 일을 이루실 수 있습니다.
작은 씨앗이 거목이 되듯,
하나님은 믿고 의지하는 사람을 통해
큰 영광을 받으십니다.

하나님이 가라사대 물들은 생물로 번성케 하라
땅위 하늘의 궁창에는 새가 날으라 하시고
하나님이 큰 물고기와 물에서 번성하여 움직이는 모든 생물을 그 종류대로,
날개 있는 모든 새를 그 종류대로 창조하시니 하나님의 보시기에 좋았더라
창세기 1:20~21

Part 5

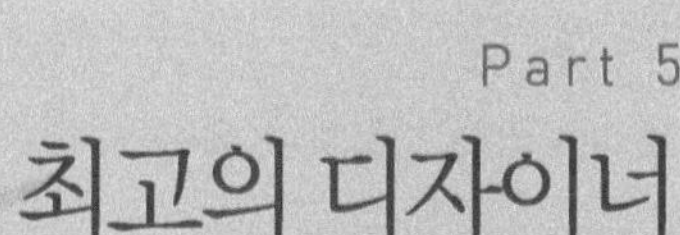

최고의 디자이너

뛰어난 설계자 | 고운 소리와 날개 | 오래 참으심 | 가장 복된 사람

인간의 힘으로는 | 생명으로 인도하는 길 | 그분 앞에 나오는 지혜 | 삶과 죽음 | 눈동자처럼 지키라

어린 양 | 부요하려면 | 약이 되는 고난 | 예수와 예수 그리스도의 차이 | 비루지 밀자 | 침된 회개

조급성을 버리자 | 용서의 아름다움 | 진정한 자유 | 하나님만을 의지하며 | 바라봄의 법칙

선을 행하라 | 감사하는 삶 | 응답의 비결 | 최고의 행복

뛰어난 설계자

하나님이 큰 물고기와 물에서 번성하여 움직이는 모든 생물을 그 종류대로,
날개 있는 모든 새를 그 종류대로 창조하시니
창세기 1:21

새들은 깃털이나 날개, 골격 구조, 호흡계,
소화계, 심장, 순환계 등을 볼 때 항공 역학적
최적 설계로 디자인된 우수한 기계와 같다고 합니다.
때문에 사람이 만든 가장 우수한 비행기보다
놀라운 비행 성능과 효율을 가지고 있다고 하지요.
또한 조선공학자들이 배의 속도나 무게중심,
경제성을 고려하여 연구한 결과,
배의 길이에 대한 폭의 비가 거의 대부분의
물고기의 비율과 같을 때 가장 적합하다고 합니다.
이러한 사실만으로도 만물은 창조주 하나님의
지혜로운 설계 아래 지어졌음을 알 수 있습니다.

고운 소리와 날개

집마다 지은 이가 있으니 만물을 지으신 이는 하나님이시라
히브리서 3:4

대부분의 새 소리는 곱고 맑아서
듣는 이의 마음을 상쾌하게 합니다.
또 날개가 있어서 푸른 하늘을 자유로이 날아다닙니다.
왜 그런 것일까요?
하나님은 천지 만물을 지으실 때 하나하나를 귀히 여기셔서
그 특색대로 의미를 담아주셨는데, 새에게는 아름다운
소리를 주셔서 '찬양을 즐거워하시는 하나님 마음'을 담으셨습니다.
또 날개를 주셔서 사람이 발을 딛고 사는
이 땅과는 차원이 다른 세계가 있다는 것을 알게 하셨습니다.
이처럼 한 마리 새를 지으실 때에도 인생들을 향한 마음과
뜻을 담으셨습니다. 그래서 새가 날아가면
자연히 고개를 들어 하늘을 쳐다보게 되지 않습니까?

오래 참으심

너희에게 인내가 필요함은
너희가 하나님의 뜻을 행한 후에 약속을 받기 위함이라
히브리서 10:36

'도끼를 갈아 바늘을 만든다'는 말이 있습니다.
아무리 어려운 일이라도 끈기를 가지고
노력하면 마침내 이룰 수 있다는 뜻이지요.
단단한 도끼를 갈아 바늘을 만들려면
얼마나 오랜 시간과 노력이 필요하겠습니까.
차라리 "도끼를 팔아 바늘 한 움큼을 사지 왜 그 고생을 하나"
할 수도 있습니다. 그런데 우리를 위해 이런 인내와
수고를 하는 분이 계십니다. 바로 하나님이시지요.
우리 각 사람을 사랑하시므로
무쇠로 된 도끼처럼 아집과 편견 등으로
단단하게 굳은 마음을 다듬고 또 다듬어
마침내 아름다운 진리의 사람으로 변화케 하십니다.

가장 복된 사람

오직 너희를 위하여 보물을 하늘에 쌓아 두라
거기는 좀이나 동록이 해하지 못하며 도적이 구멍을 뚫지도 못하고
도적질도 못하느니라
마태복음 6:20

세상 잣대로는 신실한 크리스천의 삶이
때로 불쌍해 보일 수 있습니다.
자신이 가진 것을 최대한 즐기고 누리고 싶은 것이
일반적인 사람 마음인데, 그들은 예수 그리스도를 위하여
명예나 재산, 심지어 가족이나 자신의 생명을 잃더라도
기꺼이 감수합니다. 왜 그럴까요?
바로 천국 소망이 있기 때문입니다.
만일 천국이 없고 이 땅의 삶이 전부라면
참으로 불쌍한 삶이라 할 수 있을 것입니다.
그러나 천국은 실존 세계이며, 하나님은 이 땅에서의
지극히 작은 선행 하나까지라도 기억하고 하늘의 상급으로 갚아 주시므로
크리스천이야말로 사실은 가장 복된 사람입니다.

인간의 힘으로는

하나님이 세상을 이처럼 사랑하사 독생자를 주셨으니
이는 저를 믿는 자마다 멸망치 않고 영생을 얻게 하려 하심이니라
요한복음 3:16

부와 권세, 학문과 교양 등 행복의 조건을
두루 갖추었다 해도 이는 세상을 살 동안만 필요한 것입니다.
설령 모든 호사를 누릴 만한 재물이 있다 해도
그것으로 영혼이 구원받아 천국에 이르지는 못합니다.
표범이 자기 등에 있는 반점을 지우지 못하듯이
인간 스스로 구원의 문제를 해결할 수는 없기 때문입니다.
이러한 우리에게 하나님은 무조건적인 사랑을 베푸셔서
구원의 길을 열어주셨습니다.
그 길이 되어준 분이 바로 예수 그리스도이며,
그분을 믿고 말씀 안에 살면
누구나 구원받아 영생의 길로 갑니다.

생명으로 인도하는 길

내가 곧 길이요 진리요 생명이니 나로 말미암지 않고는
아버지께로 올 자가 없느니라
요한복음 14:6

세상에는 여러 길이 있습니다.
지식으로 인도하는 학문의 길,
돈만 있으면 만사형통이라 여기는 부의 길도 있습니다.
그러나 높은 학식과 넘치는 재물이 있을지라도
그것이 우리에게 참 생명과 영생을 주지는 못합니다.
도덕이나 윤리도 마찬가지입니다.
많이 듣고 배워도 자기 유익을 구하며
악으로 물들어가는 것이 인간의 본성입니다.
지식을 많이 쌓는다고 해서 바른 길로 가는 것은 아니지요.
세상의 그 어떤 것도 인간의 죄와 죽음의 문제를
속 시원하게 해결하지 못합니다.
오직 한 길, 예수 그리스도만이 십자가를 짐으로써
우리에게 참 생명과 영생의 길이 되셨습니다.

그분 앞에 나오는 지혜

주를 두려워하는 자를 위하여 쌓아 두신 은혜 곧 인생 앞에서
주께 피하는 자를 위하여 베푸신 은혜가 어찌 그리 큰지요
시편 31:19

방송에서 누 떼가 초원을 뛰어다니다가
호수로 달려가 물을 먹는 장면을 본 적이 있습니다.
이때 허겁지겁 먹다가 악어에게 물리는 것이 있었습니다.
물속에 숨어 있는 악어를 미처 발견하지 못하고
물 먹기에 급급하다 결국 악어 밥이 된 것입니다.
인생도 마찬가지입니다.
세상 쾌락은 당장은 마음을 흡족하게 하는 것 같지만
취할수록 공허감이 커지고
결국 죽음 같은 고통에 이르는 경우가 허다합니다.
인생의 참 만족이 하나님 안에 있음을 알아
겸손히 그분 앞에 나오는 지혜가 있어야겠습니다.

삶과 죽음

나는 아무 낙이 없다고 할 해가 가깝기 전에
너의 창조자를 기억하라
전도서 12:1

최근 사회적으로
'어떻게 죽는 것이 인간답게 죽는 것인가'라는 데에
관심이 늘고 있습니다.
사람들은 이에 대한 답을 '나는 누구이고
어떻게 살아야 하는가' 하는 것으로부터 찾습니다.
잘 사는 것이 곧 죽음을 잘 준비하는 것이라고 여기기 때문입니다.
그러나 부귀영화를 마음껏 누린 솔로몬 왕은 노년에 이르러
모든 것이 헛되니 창조주 하나님을 경외하라고 권면합니다.
그의 말대로 사람을 창조하시고
생사화복을 수관하시며 천국을 예비하시는 하나님을
잘 섬기는 것이 가장 잘 사는 것이며
다가올 죽음과 내세에 대비하는 지혜로운 길입니다.

눈동자처럼 지키라

내 명령을 지켜서 살며 내 법을 네 눈동자처럼 지키라
잠언 7:2

사람이 눈꺼풀을 한 번 깜빡하는 데
걸리는 시간은 40분의 1초라고 합니다.
눈에 먼지가 들어가려고 하면
눈꺼풀이 재빨리 내려와서 눈동자를 보호합니다.
하나님께서도 사랑하는 자녀들에게서
한 순간도 눈을 떼지 않으며, 어떤 질병이나 환난,
재앙도 틈타지 않게 눈동자같이 지키십니다.
단, 이러한 보호를 받기 위해서는 사람 편에서도
하나님 법을 자신의 눈동자처럼 지켜야 합니다.
불법이라고 판단될 때는
재빠르게 마음의 눈꺼풀을 닫아야
하나님의 든든한 보호 아래 살아갈 수 있습니다.

어린 양

요한이 예수께서 자기에게 나아오심을 보고 가로되
보라 세상 죄를 지고 가는 하나님의 어린 양이로다
요한복음 1:29

교회에 갓 나온 새 신자를 가리켜
'어린 양'이라고 말하는 경우가 있습니다.
그러나 성경을 읽어 보면 어린 양은
예수님을 지칭하고 있음을 알 수 있습니다.
지구상에 있는 짐승들 중에 가장 예수님을 닮은
짐승이 어린 양이기 때문입니다.
어린 양은 그 모습이 순하고 온유합니다.
상대를 해코자 할 줄 모르며 털을 깎아도 저항하지 않을뿐더러
사람을 위해 털과 젖과 고기 등 자기의 모든 것을 희생합니다.
이처럼 예수님도 우리의 죄를 내속하기 위해
묵묵히 자신을 십자가에 내주셨고,
이로써 인류에세 구원의 문을 활짝 열어주셨습니다.

부요하려면

네가 네 하나님 여호와의 말씀을 순종하면
이 모든 복이 네게 임하며 네게 미치리니
신명기 28:2

예전에, 어느 성도가

"나는 배움이 없고, 가진 것도 없어서 가난하게 살 수밖에 없지만,

구원받아 천국 가게 되었으니 감사합니다"라고

말하는 것을 들었습니다. 저는 그 생각은 마치

'좋은 차에 태워준 것만도 고마우니 짐은 제가 지고 있겠습니다' 하며

무거운 짐을 차에 내려놓지 않고

그대로 든 채 차를 타고 가는 것과 같다고 말씀드렸습니다.

예수님은 우리에게 구원의 길이 되시면서,

이 땅에서 가난한 삶을 사심으로

우리의 가난의 문제까지도 해결해 주셨습니다.

그러니 믿음이 있는 사람은 가난을 숙명처럼 여겨서는 안 됩니다.

하나님 말씀 안에 살아가면 누구나 부요의 복을 받기 때문입니다.

약이 되는 고난

저가 비록 근심케 하시나 그 풍부한 자비대로
긍휼히 여기실 것임이라 주께서 인생으로 고생하며
근심하게 하심이 본심이 아니시로다
예레미야애가 3:32~33

양 중에는 풍성한 털만 믿고
한 겨울에 꼼짝도 하지 않고 홀로 있다가
얼어 죽는 양들도 있다고 합니다.
그런데 털을 깎아 놓으면 서로 몸을 비비고 움직여
얼어 죽지 않을 뿐만 아니라 더욱 건강해진다고 합니다.
우리 사람도 고난을 통해 오히려 강해지고
성공의 기틀을 마련한 예들이 많습니다.
이스라엘의 2대 왕 다윗은 시기 질투로 자신을 죽이려는
사울 왕을 피해 다닐 때에 더욱 하나님을 의지하며
마음 그릇을 넓히는 기회로 삼았습니다.
그래서 뒷날 부국강병을 이루어
이스라엘 최고의 왕이 되었습니다.

예수와 예수 그리스도의 차이

다른 이로서는 구원을 얻을 수 없나니 천하 인간에 구원을 얻을만한
다른 이름을 우리에게 주신 일이 없음이니라 하였더라
사도행전 4:12

믿음이 있는 사람들은 기도를 통해
응답과 축복의 역사를 체험합니다.
그런데 단지 습관을 좇아 '예수님의 이름' 혹은
'예수 그리스도의 이름'으로 기도하는 사람이 있습니다.
예수란 '자기 백성을 저희 죄에서 구원할 자'라는 미래형의 표현이며,
그리스도란 메시아라는 히브리어를 헬라어로 번역한 것으로
'하나님의 구원의 섭리를 완성하신 구원자'라는 완성형의 표현입니다.
따라서 예수님께서 십자가를 지시기 전에는 '예수'라는 호칭이 옳지만
부활하신 후에는 '예수 그리스도', '주 예수',
혹은 '주님'이라는 호칭이 옳은 것입니다.
그러니 '예수 그리스도의 이름으로',
'주 예수님의 이름으로' 기도하는 것이
영적으로 정확한 기도가 됩니다.

미루지 말자

볼지어다 내가 문밖에 서서 두드리노니
누구든지 내 음성을 듣고 문을 열면 내가 그에게로 들어가
그로 더불어 먹고 그는 나로 더불어 먹으리라
요한계시록 3:20

성경을 읽어보면 예수님이 십자가 처형을 받을 때
곁에 있던 강도가 죽음 직전에 회개하고
구원받은 장면이 기록되어 있습니다.
그 강도가 구원받을 수 있었던 것은 마지막 순간
진심으로 회개하고 예수님이 구세주임을 믿었기 때문입니다.
만일 그에게 새로운 삶을 살 기회가 주어진다면,
결코 이전처럼 살지 않았을 것입니다.
전도를 하다 보면 "지금은 너무 바빠서 나중에 믿겠습니다.
좀 더 나이 들면 교회에 다니겠습니다" 하는 사람이 있습니다.
그러나 사람은 한 치 앞을 알 수 없고
막상 죽음이 임박하면 중심의 회개도 쉽지 않습니다.
그러니 나중으로 미룰 것이 아니라 구원의 문이 열려 있을 때에
예수 그리스도를 영접하고 하나님 말씀 안에 살아감으로써
천국으로 안전하게 인도받아야겠습니다.

참된 회개

저가 빛 가운데 계신 것같이 우리도 빛 가운데 행하면
우리가 서로 사귐이 있고 그 아들 예수의 피가
우리를 모든 죄에서 깨끗하게 하실 것이요
요한일서 1:7

하나님께서는 인자와 자비가 풍부한 사랑 자체이시지만,
동시에 심은 대로 거두게 하는 공의로운 분입니다.
때문에 잘못을 회개하고 돌이키면 용서를 베푸시지만,
여전히 죄 가운데 살고 있는 사람을
용서하여 축복하시지는 않습니다.
비록 잘못이 있더라도 회개할 때에 한없는 사랑으로
용서와 더불어 가정, 직장, 건강 등의 문제를 해결해 주십니다.
단, 하나님께서 받으시는 참된 회개를 해야 합니다.
예컨대, 동쪽으로 가라 하셨는데 서쪽으로 가고 있다면
방향을 180도 전환해서 동쪽으로 가야 합니다.
그것이 진실한 회개이며,
하나님 사랑과 긍휼을 입는 복된 길입니다.

조급성을 버리자

어리석은 자는 그 노를 다 드러내어도 지혜로운 자는
그 노를 억제하느니라
잠언 29:11

어떤 문제가 생기면 이내 감정이 상해
화를 내는 사람이 있습니다.
조급한 성격 탓에 쉽게 해결할 수 있는 일을
오히려 복잡하게 만드는 것입니다.
그런 사람은 자신이 입고 있는 옷에
진흙이 묻었다고 생각해 보십시오.
당장 털어내려고 하면 다른 부분까지 진흙이 묻어
옷을 더 더럽힐 것입니다. 그보다는 시간이 좀 걸리더라도
잠시 진흙이 마르기를 기다렸다가
털어 내는 것이 좋은 방법입니다.
이처럼 조급한 성격을 조금만 자제해도
문제 해결의 길이 보입니다.

용서의 아름다움

여호와께서 말씀하시되 오라 우리가 서로 변론하자
너희 죄가 주홍 같을지라도 눈과 같이 희어질 것이요
진홍같이 붉을지라도 양털 같이 되리라
이사야 1:18

한 여인이 간음하다가 현장에서 잡혀왔습니다.
율법대로 하면 돌에 맞아 죽을 처지였습니다.
두려움에 떠는 여인을 불쌍히 여긴 예수님은
주변 사람들을 향해 "죄 없는 자가 먼저 돌로 치라" 하셨습니다.
그러자 양심의 가책을 받은 사람들이 하나둘 돌을 놓고
그 자리를 떠났습니다. 마침내 모두 떠나자 예수님은
"나도 너를 정죄하지 아니하노니 가서 다시는 죄를 범치 말라" 하시며,
용서를 베푸십니다.
여인은 평생 이 일을 기억하여 더 이상 죄를 짓지 않았을 것입니다.
우리도 이러한 예수님의 사랑을 본받아 판단 정죄를 버리고
허물을 용서하는 마음을 가져야겠습니다.

진정한 자유

이는 힘으로 되지 아니하며 능으로 되지 아니하고
오직 나의 신으로 되느니라
스가랴 4:6

오늘날 많은 사람이 죄 가운데 살아가며
미움, 시기, 분노, 혈기, 좌절 등으로 고통을 당합니다.
아무리 헤어나려고 노력해도
스스로의 힘으로는 결코 빠져 나오지 못합니다.
죄의 포로 된 상태에서 해방시킬 수 있는 분은
오직 한 분 예수 그리스도이십니다.
그분의 능력이 함께하면 능치 못할 일이 없습니다.
스스로의 힘으로 어찌할 수 없는 죄에서
놓임 받기 원한다면 길, 진리, 생명이신
예수 그리스도를 믿고 의지하시기 바랍니다.
오직 그분 안에 진정한 자유와 평안이 있습니다.

하나님만을 의지하며

오직 선을 행함과 서로 나눠 주기를 잊지 말라
이 같은 제사는 하나님이 기뻐하시느니라
히브리서 13:16

저는 하나님을 믿기 전 병들어 있으면서
많은 빚을 졌습니다. 하나님을 만나 온갖 병이 치료된 뒤
아내와 함께 이른 아침부터 밤늦게까지 열심히 일을 했지만
매달 수입의 대부분이 이자로 들어가는 빠듯한 생활을 해야 했습니다.
하지만 하나님을 모르는 사람, 가난하고 소외된 사람에게
작게나마 도움을 주기 위해 구제와 선교에 힘썼습니다.
당장 내일 먹을 양식이 없을 때도 있었지만
주저하지 않고 기쁘게 행하였지요.
신기하게도 그럴 때마다 하나님은 예상치 못한 방법으로
저희 가정을 축복하셔서 부족함이 없게 하셨습니다.
이런 체험은 하나님만을 전폭적으로 의지하며
사는 큰 믿음으로 이끌었습니다.

바라봄의 법칙

믿음은 바라는 것들의 실상이요 보지 못하는 것들의 증거니
히브리서 11:1

싱가포르의 새(鳥) 공원에 있는 홍학은
세계에서 가장 예쁜 연분홍 깃털을 가졌다고 합니다.
이는 홍학이 연분홍빛 물을 보고 마시며,
그 물속에 있는 고기를 먹고 살기 때문이라고 말합니다.
이를 통해 우리는 무엇을 바라보느냐에 따라
외모도 달라질 수 있음을 알 수 있는데,
이러한 현상은 과학적으로도 증명된 바 있습니다.
우리의 마음도 마찬가지입니다.
마음에 무엇을 품고
무엇을 바라보느냐에 따라
아름다운 마음으로 변화될 수도 있고,
반대로 악하고 추한 마음이 될 수도 있습니다.

선을 행하라

행악자를 인하여 불평하여 하지 말며 불의를 행하는 자를
투기하지 말지어다 저희는 풀과 같이 속히 베임을 볼 것이며
푸른 채소같이 쇠잔할 것임이로다
시편 37:1~2

세상에는 불의한 사람이
부귀영화를 누리는 경우가 있습니다.
이를 보며 '하나님이 살아 계시다면 어찌 이럴 수 있는가?' 하며
원망하는 사람이 더러 있습니다.
그러나 그들이 번성하는 것 같아도 세월이 지나고 보면
마치 마른 풀과 같이 쇠하여 그 영화가 흔적조차 없이
사라진 것을 알 수 있습니다. 설령 호의호식 했어도
그 영혼이 하나님 앞에 서는 날 심판을 받게 됩니다.
그러니 우리는 한 순간에 불과한 이 땅의 삶을 위해
불의한 일을 저지르지 말아야 합니다.
하나님을 의뢰하여 선을 행함으로써 이 땅의 복은 물론,
영원한 천국에서도 칭찬과 상급을 받으시기 바랍니다.

감사하는 삶

여호와께서 내게 주신 모든 은혜를 무엇으로 보답할꼬
시편 116:12

은혜를 받았으면 감사하며 보답하는 것이 당연한데도
그런 사람이 흔치 않은 세상입니다.
예수님 당시에도 열 문둥병자가
예수님을 만나 병을 치료받았는데
그중 한 사마리아인만이 사례하러 나왔습니다.
그때 예수님께서는 '아홉은 어디 있느냐' 물으셨습니다.
그리고는 은혜를 잊지 않고 감사하러 나온 사람에게
'일어나 가라 네 믿음이 너를 구원하였다' 하셨습니다.
그는 단지 육신의 질병이 치료되어 감사하러 나왔지만,
예수님은 영혼의 구원까지 신포하셨습니다.
이를 볼 때 사람이 하나님 은혜에 감사하는 삶 자체가
얼마나 큰 축복인지를 알 수 있습니다.

응답의 비결

그는 우리의 화평이신지라 둘로 하나를 만드사
중간에 막힌 담을 허시고
에베소서 2:14

작은 강이 내려다보이는 전망 좋은 곳에
한 사람이 살고 있습니다.
하루는 그가 유유히 흐르던 강물이
뚝 끊긴 것을 발견했습니다.
원인을 알기 위해 상류로 가 보니
누군가 둑을 만들어 놓았습니다.
그것을 헐자 다시 예전처럼 강물이 흘렀습니다.
이는 하나의 비유이지만,
하나님과 우리 사이도 마찬가지입니다.
둑과 같이 막힌 죄의 담이 있으면
그것을 헐기 전에는 우리에게 아무리
좋은 것을 주시려 해도 받을 수 없습니다.
성경 66권 말씀 안에 살아갈 때에 죄의 담이 없으니,
축복의 강이 흘러 영육 간에 풍성한 삶을 영위케 되는 것입니다.

최고의 행복

둘째는 그와 같으니 네 이웃을 네 몸과 같이 사랑하라 하셨으니
이 두 계명이 온 율법과 선지자의 강령이니라
마태복음 22:39~40

사랑하는 사람에게
가장 소중한 것을 선물해 본 적이 있으십니까?
나눔의 기쁨은 그 어떤 기쁨보다 큽니다.
예수님께서는 하나님의 아들로서 하늘 영광을 다 버리고
낮고 천한 이 땅에 오셔서 온 인류에게 구원의 문을 열어 주시기 위해
십자가에서 처참한 최후를 맞으셨습니다.
인류를 향한 최고의 사랑을 소유하셨기에
기쁨으로 그 길을 가셨습니다.
미운 사람에게 자신의 것을 내어 주는 것은 어렵지만
사랑하면 주는 것이 조금도 어렵지 않습니다.
오히려 주면서도 행복합니다.
나보다 주변 사람을 먼저 배려하기 위해 노력하면
자연스럽게 섬기고 베푸는 삶에 익숙해집니다.
이웃을 내 몸과 같이 사랑하는 삶은 참 행복을 안겨줍니다.

하나님이 가라사대 우리의 형상을 따라 우리의 모양대로 우리가 사람을 만들고
그로 바다의 고기와 공중의 새와 육축과 온 땅과 땅에 기는 모든 것을
다스리게 하자 하시고
창세기 1:26

Part 6
사랑을 나누는 행복

위를 바라보는 존재

위엣 것을 생각하고 땅엣 것을 생각지 말라
골로새서 3:2

그리스어로 사람을 일컫는 '안드로포스'는
위를 바라보는 존재라는 뜻입니다.
이것이 바로 짐승과 사람의 근본 차이점입니다.
짐승은 육과 혼으로만 구성된 존재로 그저 땅을 바라보며
먹이만 찾습니다. 하지만 사람은 영, 혼, 육으로 구성된 존재로서
하늘을 바라보며 본성적으로 신을 찾습니다.
짐승은 호흡이 끊어지면 흙으로 돌아가지만,
사람의 영혼이 가는 길은 두 갈래로 나뉩니다.
예수 그리스도를 영접하고
창조주 하나님을 경외하며 선하게 살아간 이는 천국으로,
짐승처럼 이 땅의 것만을 바라보며 살아간 이는
지옥으로 가는 것이 정한 이치입니다.

사람을 지으신 이유

여호와 하나님이 흙으로 사람을 지으시고
생기를 그 코에 불어넣으시니 사람이 생령이 된지라
창세기 2:7

농부가 사과나무를 심는 것은
사과 열매를 거두려는 목적이 있기 때문입니다.
마찬가지로 하나님께서 이 땅에 사람을 살게 하시는 데에도
목적이 있습니다. 하늘에는 무수히 많은 천사가 있지만
감정과 이성을 가지고 자유 의지에 의해
하나님을 사랑할 수 있는 참 자녀를 원하신 것입니다.
이는 사람을 닮은 로봇이 아무리 많은 일을 담당하여 유익을 준다 해도
사랑을 주고받을 수 있는 참 자녀가
더 사랑스러운 이치와 같습니다.
그래서 창조주 하나님은 자기 형상대로 사람을 지으시고
생기를 불어넣어 자유 의지를 가진 사람을 창조하고
이 땅에서 살게 하셨습니다.

나를 만드신 분

주께서 내 장부를 지으시며
나의 모태에서 나를 조직하셨나이다
시편 139:13

흔히 사람의 몸은 부모가,
영혼은 하나님이 주셨다고 하지만
우리의 몸과 오장육부도 하나님으로부터 온 것입니다.
만일 부모가 태아의 오장육부를 만들 수 있다면
누구나 성별을 선택하여
건강한 자녀를 낳으려고 하지 않겠습니까.
사람은 머리카락 한 올도 자라게 할 수 없습니다.
창조주 하나님이 정자와 난자를 주셨고,
그 안에 사람의 모든 조직을 만들 수 있는 조건뿐 아니라
부모의 성격, 외모, 습관 등 모든 기(氣)가 집결되게 하셨습니다.
그래서 자녀들이 부모를 닮는 것입니다.

골방에 들어가서

내 영혼이 내 속에서 피곤할 때에 내가 여호와를 생각하였삽더니
내 기도가 주께 이르렀사오며 주의 성전에 미쳤나이다
요나 2:7

현대사회는 의학과 문명의 발달로
사람의 평균수명이 연장되고 삶의 질도 향상되었지만
각종 스트레스로 고통을 호소하는 사람이 많습니다.
예수님은 그런 사람들에게 "네 골방에 들어가 문을 닫고
은밀한 중에 계신 네 아버지께 기도하라"고 말씀하셨습니다.
이는 깊숙한 곳에 위치한 골방에 들어가면
세상과 차단되는 것처럼 잡념을 버리고 중심으로
하나님께 기도하라는 의미입니다.
그러면 세상을 살아가면서 지친 몸과 마음이 쉼을 얻고,
시냇가에 심겨진 나무가 가뭄에도 수분을 공급받아
열매를 맺듯 풍성한 삶을 영위할 수 있습니다.

선을 넘지 않는 삶

지혜가 너로 선한 자의 길로 행하게 하며
또 의인의 길을 지키게 하리니
잠언 2:20

느헤미야가 이스라엘 성벽을 재건하고자 할 때에
이를 방해하는 사람이 많았습니다.
하루는 친분이 있는 스마야가 '그들이 죽이러 올 것이니
하나님의 전으로 가서 외소 안에 숨을 것'을 권합니다.
이는 느헤미야에게 두려움을 주어
제사장만이 들어갈 수 있는 성소에 들어가게 함으로써
곤경에 빠뜨리려는 것이었습니다.
느헤미야는 '누가 외소에 들어가서 생명을 보존하겠느냐
나는 들어가지 않겠다'며 단호히 거절합니다.
그는 자신이 누구인지 분명히 알고 선을 넘지 않는 쪽을 선택한 것입니다.
이로써 생명을 보전했음은 물론이고, 성벽 재건의 꿈을 이루었습니다.
이와 같이 우리가 자신의 위치를 분명히 알고
선을 넘지 않는 삶을 살 때 좋은 결실을 얻을 수 있습니다.

두 마음

마음에 간사가 없고
여호와께 정죄를 당치 않은 자는 복이 있도다
시편 32:2

메뉴를 놓고 '무얼 먹을까?' 하며
쉽게 정하지 못하는 사람들이 있습니다.
결국 어렵게 한 가지를 선택하지만 자신이 포기한 메뉴를
맛있게 먹는 사람들의 모습을 보면
'저걸 시킬 걸…' 하고 후회하기도 합니다.
자신이 택한 것을 좋게 여기며 맛있게 먹으면 행복할 텐데
선택하지 않은 쪽에도 미련을 가지니 불만스러운 것입니다.
이처럼 두 마음을 품으면 어느 쪽을 택하든
만족과 행복을 누릴 수 없습니다.
하나님께 무엇을 구할 때에도 마찬가지입니다.
믿는 마음과 의심하는 마음, 이 두 가지 마음을 다 갖고 있으면
응답받을 수 없습니다. 오직 믿음으로 구할 때만이
가장 좋은 것으로 응답받을 수 있습니다.

연단과 성숙

인내는 연단을 연단은 소망을 이루는 줄 앎이로다
로마서 5:4

아이가 걸음마를 시작하면
부모는 늘 주시하며 위험한 물건들을 주변에서 치우고,
혹 위험한 곳으로 가려고 할 때는 안전한 곳으로 인도합니다.
하나님께서도 우리 믿음이 성장할 수 있도록
때로 연단을 허락하시지만
섬세하게 지키며 가장 안전한 길로 인도하십니다.
이러한 사랑을 깨달으면 성숙한 믿음이 되어
하나님 마음을 더 깊이 이해할 수 있고 중심으로 감사할 수 있습니다.
희로애락의 인생 여정에서 크고 작은 아픔을 겪지만,
쉬지 않고 기도하며 하나님을 믿고 의지하는 사람은
그분의 따스한 사랑을 맛보며
그 어떤 일도 능히 감당할 수 있습니다.

변함없이 노력하면

우리가 다 하나님의 아들을 믿는 것과 아는 일에 하나가 되어
온전한 사람을 이루어 그리스도의 장성한 분량이 충만한 데까지 이르리니
에베소서 4:13

축복받은 사람을 보면
'나도 저런 믿음을 갖고 싶다'며 부러워하는 사람들이 있습니다.
나름대로 열심을 내보지만 원하는 것을 이내 얻지 못하면 실망합니다.
우리가 알아야 할 것은 잠시 열심을 낸다고 해서
단번에 믿음이 커지지 않는다는 점입니다.
평소 책을 가까이하지 않던 사람이 몇 달 동안
수십 권을 읽었다고 해서 갑자기 유식해지지 않듯이,
신앙생활을 게을리 하던 사람이
한동안 열심을 낸다고 해서 금방 믿음이 커지지 않습니다.
그러니 시간이 흐르면 지식이 차곡차곡 쌓이듯이,
하나님 말씀 안에 살고자 변함없이 노력하면 결국
장성한 믿음의 분량에 이릅니다. 단, 각 사람의 중심과
노력 여하에 따라 신앙 성장의 속도는 많은 차이가 납니다.

가장 효과적인 방법

아무 일에든지 다툼이나 허영으로 하지 말고
오직 겸손한 마음으로 각각 자기보다 남을 낫게 여기고
빌립보서 2:3

언젠가 컴퓨터를 사용하려는데 작동이 되지 않았습니다.
여기저기 만져보아도 소용없어서 컴퓨터에 대해
잘 아는 분에게 부탁했더니 불과 몇 분 만에 고치는 것이었습니다.
만일 그분에게 의뢰하지 않았다면 많은 시간을 낭비하였겠지요.
이처럼 우리가 어떤 일을 할 때에
상대의 도움이 필요한 경우가 있습니다.
만일 모든 일을 혼자서 다 하려는 사람이 있다면 진행 속도가 느리고,
더 좋은 결과를 낼 수 있는 기회도 놓칠 수 있습니다.
또 그 일을 함께 이뤄야 할 사람들과도 화평이 깨지기 쉽습니다.
우리가 어떤 목표를 세우고 일할 때에
사심을 버리고 '어떻게 하는 것이 가장 효과적인 방법'인지를
궁구하고 그 방법을 좇는 것이 지혜입니다.

변하는 사랑

사랑하는 자들아 우리가 서로 사랑하자
사랑은 하나님께 속한 것이니 사랑하는 자마다
하나님께로 나서 하나님을 알고
요한일서 4:7

다윗 왕의 아들 중에 암논이라는 왕자가 있었습니다.
그는 이복누이 다말을 어찌나 사랑했던지 병이 날 지경이어서
생각 끝에 다말을 강제로 취합니다.
하지만 정욕을 채우자 마음이 돌변하여
그녀를 미워하여 쫓아냅니다. 이처럼 아무리 뜨겁게
사랑하는 것 같아도 세월이 흐르면 변하는 것이 육적인 사랑입니다.
반면에 영적인 사랑은 어떤 환경과 조건에서도 변치 않고
상대의 유익을 구해 주는 참사랑입니다.
혹시 처음에는 상대가 사랑스러웠는데
점점 단점이 보이지는 않습니까?
그렇다면 육적인 사랑을 한다는 증거이니,
자신을 점검하여 한결같은 영적인 사랑을 해야겠습니다.

사라지지 않는 것

하나님이 실로 들으셨으며 내 기도 소리에 주의하셨도다
시편 66:19

하나님을 믿기 시작하면서 제게는 새 소망이 생겼습니다.
가난과 질병으로 인한 힘든 삶을 체험해 보았기에
크게 축복받아 그런 처지에 있는 사람들을 돕는
훌륭한 장로가 되고 싶었습니다.
그런데 얼마 후 하나님께서는 저를 주의 종으로 부르셨습니다.
그동안의 기도가 무로 돌아간 것 같아
처음에는 당황스럽고 의아했습니다.
세월이 흐른 뒤 하나님은 권능을 주셔서 무수한 사람을
영육 간에 치료케 하며, 구제하고 선교하는
교회를 일굴 수 있도록 축복하셨습니다.
이로써 마음의 소원을 두고 기도하였던 것을 더 크게 이룰 수 있었지요.
우리가 하나님 앞에 쌓은 기도는 결코 사라지지 않으며
아름다운 결실을 맺는다는 사실을 다시금 느껴보았습니다.

보석을 세공하듯이

내게는 도략과 참 지식이 있으며 나는 명철이라
내게 능력이 있으므로
잠언 8:14

아무리 귀한 보석이라도
암석에 묻혀 있을 때에는 진가를 발휘할 수 없습니다.
그 가치를 아는 사람이 이를 발굴합니다.
그래서 보석 세공사의 손에 보내
수차례의 세공 과정을 거치면
비로소 아름다운 빛을 내는 보석이 됩니다.
하나님은 보석을 만드는 세공사와 같은 분입니다.
누구든지 그분의 손에 들리면 보석을 세공하듯
모난 곳은 다듬고 부족한 부분은 채우십니다.
마음껏 복을 부어 줄 수 있는 그릇으로 만드시는 것입니다.
우리는 전능하신 하나님께 자신의 삶을 믿고
맡길 수 있어야 합니다. 그럴 때에 아름답고 귀한 보석처럼
진정 가치 있는 삶을 누릴 수 있습니다.

진흙과 토기장이

우리는 진흙이요 주는 토기장이시니
우리는 다 주의 손으로 지으신 것이라
이사야 64:8

각 사람이 어떤 일을 성사하기 위해
여러모로 생각하고 계획하여도 자신의 그릇의 크기에 따라
이루기도 하고 그렇지 못하기도 합니다.
만일 자기의 생각대로 이루지 못한 것이 있다면
그만큼 그릇이 작기 때문임을 알아야 합니다.
때문에 목표를 이루기 위해서는
자신의 그릇을 키워야 하는데,
그 길은 사람을 지으신 창조주 하나님께 있습니다.
피조물인 우리가 온전히 믿고 의지할 때
하나님께서는 토기장이가 진흙으로 그릇을 빚듯이
우리의 그릇을 크고 아름답게 빚으셔서
가장 가치 있게 사용하십니다.

신비한 힘

서로 인자하게 하며 불쌍히 여기며 서로 용서하기를
하나님이 그리스도 안에서 너희를 용서하심과 같이 하라
에베소서 4:32

평소에는 바르고 성실하게 행하던 사람이
어떤 극한 상황에 처하면 뜻밖의 행동을 하는 것을 봅니다.
이때 대부분의 사람이 실망과 분노를 느낍니다.
베드로는 평소 예수님을 사랑하고 붙좇았으나
예수님이 잡히시자 세 번이나
그분을 모른다고 부인한 적이 있습니다.
수제자로서 많은 사랑을 받았으나 생명의 위협 앞에
그런 행동을 한 것입니다. 예수님은 그의 연약함을 이해하고 용서하며
다시 새 힘을 주셨습니다. 뒷날 베드로가 십자가에 거꾸로 달려
순교하기까지 복음을 전한 것은 바로 이 '사랑' 때문이었습니다.
사랑은 사람을 변화시키는 힘이 있습니다.
이 신비한 힘은 잘못을 용서받은 사람 역시
상대의 잘못과 허물을 용서하는 넉넉한 마음을 갖게 합니다.

건강한 그리스도인

몸은 하나인데 많은 지체가 있고 몸의 지체가 많으나
한 몸임과 같이 그리스도도 그러하니라
고린도전서 12:12

'겸손과 섬김'은 그리스도인이 갖춰야 할 중요한 덕목입니다.
"지체는 많으나 몸은 하나라"는 말씀은
이를 더욱 강조합니다.
만일 눈이 자기가 최고라며 입을 무시하고,
손은 발을 무시한다면 어떻게 되겠습니까?
각 지체가 다투니 몸은 한시도 평안할 수 없고,
제 구실을 할 수 없을 것입니다.
지체는 나름대로의 역할이 있고 모든 역할이 다 중요합니다.
그러니 내 역할이 다른 사람의 역할보다 낫다고 말할 수 없습니다.
모든 지체가 제 기능을 담당할 때에
몸이 건강할 수 있는 것처럼,
겸손과 섬김으로써 건강한 그리스도인이 될 수 있습니다.

따뜻한 손길

주라 그리하면 너희에게 줄 것이니 곧 후히 되어
누르고 흔들어 넘치도록 하여 너희에게 안겨 주리라
누가복음 6:38

가진 것이 많아야 행복하다고 생각하는 사람들이 있습니다.
물질이든, 명예든, 권세든 그것을 꼭 쥐고 있어야만
복된 삶이라고 생각하기 때문에 조금이라도 더 얻기 위해
안간힘을 씁니다. 그러나 독생자 예수님을 십자가에 내주기까지
인생들을 사랑하신 하나님은 꼭 쥔 손을 펴서
진정한 삶의 기쁨을 알기 원하십니다.
가진 것을 지키기 위해 근심과 불안 속에 살기보다는
어렵고 소외된 이웃을 돌아보고 자신의 것을 나눠 줄 수 있는
넉넉한 마음을 가진 사람이 더 큰 행복을 누리기 때문입니다.
목이 마른 사람에게 나눠 주는 한 잔의 물끼지도
기억하시는 하나님은 이웃을 향해 내미는 따뜻한 마음과
손길을 축복하시며 풍성한 삶으로 인도하십니다.

성공의 원동력

자기가 시험을 받아 고난을 당하셨은즉
시험 받는 자들을 능히 도우시느니라
히브리서 2:18

농사에 무공해농법을 적용하면 해충의 피해가
심할 거라고 생각하기 쉽지만
실제로는 그렇지 않다고 합니다.
농약의 도움을 받지 않은 벼들은 해로운 것들과 경쟁하며
자라는 동안 강한 생명력을 소유하여
오히려 잘 자란다고 합니다.
우리 인생길에 있어서도 장애물처럼 보이는 사건이나
사람을 만나면 실패하기 쉽다고 생각하는 경우가 있습니다.
그러나 '이 일만 아니면…' '이 사람만 없다면…' 할 것이 아니라
오히려 이를 적극적으로 수용하고
사랑으로 극복하면 성공적인 삶의 원동력이 될 수 있습니다.

포기하지 않아야

상한 갈대를 꺾지 아니하며 꺼져가는 심지를 끄지 아니하기를
심판하여 이길 때까지 하리니
마태복음 12:20

상대가 어떤 잘못을 할 때에 마음에 선이 있는 사람은
참아주고 인내하며 수용합니다.
그러나 이도 한계가 있어서 어느 정도 선까지만
수용하는 경우가 많고, 설령 자녀라 해도 어떤 한도를 넘어서면
포기하는 것을 봅니다. 예수님은 가능성이 없고
포기 상태에 이른 사람이라 해도
끝까지 인내하며 살리려 하셨습니다.
가룟 유다가 배신할 것을 알면서도 끝까지 함께하며
필요한 모든 것을 가르치며 인도하셨습니다.
어떤 사람이든 사랑을 갖고 믿음으로 바라보며
끝까지 포기하지 않고 돕는 것이 하나님 앞에 온전한 마음입니다.

모든 사람을 존중해야

네가 히브리 종을 사면 그가 육 년 동안 섬길 것이요
제 칠 년에는 값없이 나가 자유할 것이며
출애굽기 21:2

과거 이스라엘 사회에서는 하나님이 주신 법에 따라
종의 신분일지라도 인격적인 대우를 받을 수 있었습니다.
가난하거나 빚을 갚을 능력이 없어서 종이 되었다 해도
때가 되면 자유를 얻었고,
이때 주인은 우양, 곡식, 포도주를 주어 자립을 도와야 했습니다.
이를 통해 우리는 상하관계나 주종관계에 있어서
서로를 존중하고 사랑하며 협력하는 삶을 살기 원하신
하나님의 사랑을 느낄 수 있습니다.
우리도 가정이나 사회에서 어떤 위치에 있든지
서로를 존중하며 덕과 사랑을 베푸는
아름다운 마음 씀을 소유해야겠습니다.

이것이 없이는

모든 사람으로 더불어 화평함과 거룩함을 좇으라
이것이 없이는 아무도 주를 보지 못하리라
히브리서 12:14

유대인은 이스라엘의 감람 산 중턱 공동묘지에
묻히는 것을 가장 큰 영예이자 소망으로 여긴다고 합니다.
그 이유는 오실 메시아를 가장 가까이 맞이하여
볼 수 있는 곳이라고 여기기 때문입니다.
그런데 이러한 물리적인 거리가 예수 그리스도를
가까이서 볼 수 있는 요건은 아닙니다.
흠과 티가 없는 깨끗한 마음을 이루며
자기의 유익을 구치 않고
상대를 위해 희생하는 선한 마음을 이루어
모든 사람과 화평함과 거룩함을 좇을 때
예수 그리스도를 가까이에서 볼 수 있는 자격이 주어집니다.

인생의 발자취

선한 일을 행한 자는 생명의 부활로
악한 일을 행한 자는 심판의 부활로 나오리라
요한복음 5:29

요즘에는 고성능 비디오나
무인 카메라 등을 이용해 직접 보지 않은 장면도
녹화하여 볼 수 있습니다.
이처럼 영원한 천국에서는 천사들이
이 땅에서 행한 우리의 모든 행적들을 낱낱이 기록하고 있습니다.
이로써 각 사람의 인생의 발자취를 알 수 있고,
이를 근거로 하나님께서는 각 사람을 선악 간에 심판하십니다.
불꽃 같은 눈동자로 인생들을 살피시는 하나님 앞에
'믿음의 사람, 사랑의 사람, 선 가운데 살아가는 사람'이 되어
영생 복락을 누리시기 바랍니다.

독특한 본능

창세로부터 그의 보이지 아니하는 것들 곧 그의 영원하신 능력과 신성이
그 만드신 만물에 분명히 보여 알게 되나니 그러므로 저희가 핑계치 못할지니라
로마서 1:20

동물들 중 상당수가 공통적으로 갖고 있는
독특한 본능이 있습니다.
바로 귀소본능으로 자신의 서식장소나
산란, 육아를 하던 곳으로 되돌아오는 성질입니다.
마찬가지로 하나님께서는 우리 사람에게도
본향인 천국을 그리워하는 영적인 귀소본능을 주셨습니다.
그래서 마음이 선한 사람은 천지 만물만 보아도
하나님의 신성과 능력을 느끼고 영생을 소망하며
예수 그리스도를 영접함으로써
영원한 천국을 향해 가게 됩니다.

참마음

우리가 마음에 뿌림을 받아 양심의 악을 깨닫고 몸을 맑은 물로 씻었으니
참마음과 온전한 믿음으로 하나님께 나아가자
히브리서 10:22

인간의 진정한 가치와 존엄성은 부귀영화와
많은 지식과 명예, 외모 등 외형적인 조건에서 나오는 것이 아닙니다.
세상에서 아무리 많은 것을 가졌다 해도 그 마음 안에
간사함, 사심, 탐욕, 교만 등이 가득하다면
하나님 앞에서 가치 없고 부끄러울 뿐입니다.
깨끗하고 존귀한 참마음을 이뤄야 하나님 형상을 따라
지음 받은 인간으로서의 존엄성을 회복할 수 있습니다.
참마음이란 말 그대로 거짓이 없는 마음입니다.
환경과 조건에 따라 바뀌는 것이 아니라,
하나님께 대한 신실한 믿음으로 가득 찬 마음이며
항상 변함없이 거룩하고 고귀한 마음입니다.

총체적 축복

젊은 사자는 궁핍하여 주릴지라도 여호와를 찾는 자는
모든 좋은 것에 부족함이 없으리로다
시편 34:10

사람마다 복의 기준이 달라서 어떤 사람은 재물을,
어떤 사람은 건강이나 가정의 화평을 중요시합니다.
하지만 어느 한 가지가 충족되었다 해도 '복' 있다 하기엔 부족합니다.
예컨대 가정이 화평해도 물질이 궁핍하다거나,
물질은 풍족한데 질병의 문제가 있다면 복 있다 할 수 없습니다.
그런데 하나님 안에서는 모든 분야의 복을 다 누릴 수 있습니다.
구원받아 천국에 가는 것은 물론
하나님을 사랑하여 성경 66권 말씀 안에 사는 사람에게는
모든 좋은 것을 더하시기 때문입니다.
사랑의 하나님 안에서 모든 복을 누리는 '총체적 축복'의
주인공이 되시기 바랍니다.

하나님이 일곱째 날을 복 주사 거룩하게 하셨으니
이는 하나님이 그 창조하시며 만드시던 모든 일을 마치시고
이 날에 안식하셨음이더라

창세기 2:3

Part 7

천국 향한 소망

특별한 쉼의 날 | 소망이 있기에 | 마음의 평강 | 교회에 나가기 시작하면 | 지루함이 없는 사랑
숨겨진 보석 | 향기 나는 찬양 | 행복한 신앙생활 | 변화시키는 힘 | 분수를 아는 사람 | 겉과 속
재능 위의 재능 | 조화 | 자기 성찰 | 성경 속 진실 | 몸과 영혼 | 일장춘몽
성과보다 중요한 것 | 흰옷 입은 두 천사 | 그리스도의 편지 | 최고의 열매
한계선을 뛰어넘자 | 하나님은 사랑 | 인생의 등불

특별한 쉼의 날

엿새 동안은 일하고 제 칠 일은 너희에게 성일이니
여호와께 특별한 안식일이라
출애굽기 35:2

미국의 서부 개척시대에 금을 캐기 위해
많은 사람이 캘리포니아로 몰려들었습니다.
어찌하든 신속히 금을 얻고자 하루도 쉬지 않고 달리다 보니,
목적지에 도달하기도 전에 말들은 지쳐 쓰러지고
사람들도 병이 들었습니다. 한편 하나님을 믿는 사람들은
복음을 전하고자 서부로 향하였는데,
이들은 주일만 되면 행군을 멈추고 하나님께 예배를 드리며
마음과 몸의 쉼을 얻었습니다.
이들은 복음전파의 목적을 잘 수행하였을 뿐만 아니라
개척자로서도 성공할 수 있었습니다.
이처럼 6일 동안은 열심히 일하고
7일째는 하나님께 예배드릴 때에 몸과 마음의 안식을 얻고
범사에 형통한 복을 받게 됩니다.

소망이 있기에

예수께서 가라사대 나는 부활이요 생명이니
나를 믿는 자는 죽어도 살겠고 무릇 살아서 나를 믿는 자는
영원히 죽지 아니하리니 이것을 네가 믿느냐
요한복음 11:25~26

우리의 삶은 이 땅의 것으로 끝나지 않습니다.
천국과 지옥이라는 사후의 세계가 엄연히 존재합니다.
믿음 있는 성도들은 이 땅의 삶이 다하면
마지막 날 부활하여 천국에서 영생을 누립니다.
그래서 성도들이 육의 수명을 다하면
성경에서는 '죽었다' 하지 않고 '잠들었다'고 합니다.
잠자던 사람이 아침이 되면 깨어 일어나는 것처럼
죽었던 성도들도 마지막 날에는 다시 살아나기 때문입니다.
또한 이 땅에서 죽음을 보지 않고
살아서 예수 그리스도의 재림을 맞는 성도들은 순간에
신령한 몸으로 변화하여 공중으로 들림 받습니다.
바로 이 소망이 있는 크리스천의 삶에는 감사가 끊이지 않습니다.

마음의 평강

여호와는 그 얼굴을 네게로 향하여 드사 평강 주시기를
원하노라 할지니라 하라
민수기 6:26

예수님께서 십자가에 못 박혀 돌아가시자
제자들은 예수님을 잃은 슬픔과 유대인들의 박해를 두려워하여
불안과 근심 속에 있었습니다.
그런데 예수님께서 부활체의 신령한 몸으로 나타나시어
"평강이 있을지어다" 하시니 이때부터 제자들은 그동안의
의심과 두려움이 떠나고 믿음과 부활의 소망을 갖게 되었습니다.
그 후 제자들은 죽음도 두려워하지 않고 복음을 전하였습니다.
제자들이 믿음이 없었을 당시에는 두려움 속에 있었으나
믿음과 소망을 소유하니 참 평강을 누렸던 것처럼,
현대인의 삶에도 믿음의 유, 무에 따라 이 두 가지 양상이 나타납니다.
참 믿음과 천국 소망을 가진 그리스도인은
환경과 조건을 초월한 마음의 평강을 누립니다.

교회에 나가기 시작하면

이에 경에 이른바 이브라함이 하나님을 믿으니
이것을 의로 여기셨다는 말씀이 응하였고
야고보서 2:23

제가 신앙생활을 갓 시작하였을 때의 일입니다.
하루는 형님이 오랜만에 찾아오셔서 담소를 나누다가
식사 시간이 되어 아내가 상을 내왔습니다.
저는 형님에게 '이제 교회에 다니게 되어 술을 대접하지 못하니
이해해 주십시오' 했지만, 형님은 몹시 서운해하셨습니다.
우리가 처음 신앙생활을 시작하면
평소 가깝게 지내던 사람들이 멀어지기도 하고,
그 때문에 외로움을 느낄 때도 있습니다.
그러나 하나님을 향해 마음을 기울이면
세상이 줄 수 없는 참된 기쁨이 샘솟고,
그 기쁨은 사랑하는 가족과 친지, 친구와 이웃을
하나님 품으로 인도하는 원동력이 됩니다.

지루함이 없는 사랑

사랑은 오래 참고 사랑은 온유하며 투기하는 자가 되지 아니하며
사랑은 자랑하지 아니하며 교만하지 아니하며
고린도전서 13:4

사랑의 품성 중 '오래 참음'이 있습니다.
이것이 부족하면 여러 가지 일들이 발생합니다.
예컨대, 직장 상사에게 이 품성이 부족하다면 아랫사람에게
일을 맡겼다가 즉시 성과가 없으면 그 일을 다른 사람에게 줍니다.
그런 일을 당한 사람은 실수나 부족함을 만회할 기회도 없이
자신의 무능함을 자책하거나 절망에 빠지기 쉽습니다.
하나님은 '오래 참음'을 강조하십니다.
그것은 우리가 사랑을 이루는 데에 가장 기본적인 조건입니다.
사랑 없는 참음과 달리,
사랑하기 때문에 참는 것은
조금도 지루하지 않습니다.
상대가 아름답게 변화할 것을 믿음으로 바라보기 때문입니다.

숨겨진 보석

심령이 가난한 자는 복이 있나니
천국이 저희 것임이요
마태복음 5:3

솔개나 매의 눈은 매우 예리하여 높은 창공에서
땅 위에 있는 작은 동물들까지 볼 수 있습니다.
멀리 창공을 날다가 먹잇감이 보이면 쏜살같이 내려와
날카로운 발톱으로 낚아채어 공중으로 날아갑니다.
그런데 이런 좋은 눈을 가진 새라도
돌 속에 묻혀 있는 보석까지 볼 수는 없습니다.
이는 마치 보석과 같은 하나님의 말씀을 보고 있어도
명예 권세 부와 같은 세상의 것들로 눈이 가려져 있으면
깨닫지 못하는 것과 같은 이치입니다.
오직 마음 눈을 열고 진리인 성경 말씀을 받아들일 때
하나님을 만나고 체험하며 구원받는
복된 길로 인도받을 수 있습니다.

향기 나는 찬양

새 노래로 여호와께 찬송하라 대저 기이한 일을 행하사
그 오른손과 거룩한 팔로 자기를 위하여 구원을 베푸셨도다
시편 98:1

화려한 조화보다 들에 핀 한 송이 꽃을
좋아할 사람이 더 많을 것입니다.
생명과 향기가 있기 때문입니다.
이처럼 하나님도 향기가 나는 찬양을 기뻐하십니다.
단지 고운 목소리로 부르는 것이 아니라,
하나님을 사랑하기에 말씀 안에 살며
마음 중심을 다해
기쁨과 감사로 드리는 찬양을 받으십니다.
이러한 찬양은 슬플 때에 위로와 기쁨을 주고,
상한 마음을 치료하며, 고난을 이길 힘을 줍니다.
또한 하나님의 도우심을 받으며, 소원을 응답받는 등
많은 축복이 임하는 통로가 됩니다.

행복한 신앙생활

수고하고 무거운 짐진 자들아 다 내게로 오라
내가 너희를 쉬게 하리라
마태복음 11:28

등산을 하다 보면 배낭이 점점 무겁게 느껴집니다.

이때 배낭 안에 쓸모없는 물건이 있다면

'아깝다' 하지 않고 버릴 것입니다.

하나님 말씀을 거울삼아

마음의 죄와 악을 버리는 것도 마찬가지입니다.

미움이나 시기, 교만, 혈기 등 버려야 할 것을 발견했다면

신속히 버리는 것이 좋습니다.

또한 많이 발견할수록 더 기뻐해야 합니다.

버리는 만큼 마음에 평안이 임하고

하나님께서 예비하신 축복을 받을 수 있기 때문입니다.

변화시키는 힘

보라 아버지께서 어떠한 사랑을 우리에게 주사
하나님의 자녀라 일컬음을 얻게 하셨는고
요한일서 3:1

세상에는 부모나 주변으로부터
사랑받지 못하고 자란 아이들이 있습니다.
그들은 자존감이 떨어지고,
세상에 대해 적대감을 갖기도 하며,
자신에게도 비판적인 자세가 되기 쉽습니다.
이런 아이들이라도 하나님 사랑을 체험하면
놀라운 변화가 일어납니다.
무엇을 잘할 때만 사랑하시는 것이 아니라
오히려 못할 때 더욱 긍휼히 여기고 힘주시는 사랑,
모든 사람이 외면할 때도
끝까지 붙들어 주시는 참사랑을 받으니
비로소 '나도 사랑받는 존재구나'라는 자존감이 생겨나
마음이 새롭게 변화하는 것입니다.

분수를 아는 사람

형제들아 피차에 비방하지 말라 형제를 비방하는 자나
형제를 판단하는 자는 곧 율법을 비방하고 율법을 판단하는 것이라
야고보서 4:11

분수란, '자기 신분에 맞는 한도'를 뜻합니다.
따라서 교만함으로 마음이 높아진 경우에
분수에 넘치는 말이 나오기 쉽습니다.
예컨대, 판단, 정죄, 험담, 비방, 불평, 원망하는 말들입니다.
피조물인 사람에게는 이런 말을 할 권한이 없습니다.
판단, 정죄할 권한은 오직 창조주 하나님께만 있습니다.
그러니 그런 말을 낸다면 분수에 넘치는 말을 한 것입니다.
하나님의 은혜로 구원받아 천국에 가게 되었는데,
현실적인 어려움이 있다 해서 불평하고 원망한다면
그 크신 구속의 은혜를 잊은 것입니다.
자신이 지옥 불에서 구원받은 큰 은혜를 입었음을 아는 사람,
곧 '자기 분수'를 아는 사람은
어떤 상황에서도 오직 감사가 나옵니다.

겉과 속

사람은 외모를 보거니와 나 여호와는 중심을 보느니라
사무엘상 16:7

겉으로는 율법을 지키며 거룩한 체해도 마음속은 부패하고
죄로 가득하여 예수님께 책망받은 사람들이 있습니다.
바로 예수님 당시 바리새인들과 서기관들입니다.
그들은 장로의 유전을 지켜 씻지 않은 손으로 음식을 먹으면
하나님 앞에 부정하다, 곧 깨끗하지 않다 했습니다.
어느 날 예수님의 제자들이 손을 씻지 않고
음식 먹는 것을 보고는 책망하려 들었지요.
그러자 예수님은 '입에 들어가는 것이 사람을 더럽게 하는 것이 아니라
입에서 나오는 것이 더럽게 한다' 하셨습니다.
입에서 나오는 것은 곧 마음에서 나오는 것으로
악한 생각, 살인, 간음, 음란, 도적질 등이기 때문입니다.
중심을 보시는 하나님은
마음의 악을 버린 사람을 '깨끗하다' 하십니다.

재능 위의 재능

여호와께서 성실한 자를 보호하시고
교만히 행하는 자에게 엄중히 갚으시느니라
시편 31:23

미국 뉴욕의 엠파이어스테이트 빌딩을
맨손으로 올라 기네스북에 오른 사람은
놀랍게도 고소공포증 환자였는데,
그는 처음 한 발을 내디뎠던 용기를
끝까지 고수한 것을 성공요인으로 꼽았습니다.
요셉은 타국에 종으로 팔려갔지만 범사에 하나님을 의지하고
변함없는 성실함으로 총리의 자리에까지 이르게 됩니다.
세상에는 각 방면에서 뛰어난 재능을 갖고 태어난 사람이 있지만
이보다 더 좋은 달란트는 포기하지 않는 인내와 용기,
최선의 노력을 다하는 자세이며
전지전능하시고 신실하신 하나님의 도우심을
늘 구하는 겸손한 마음입니다.

조화

몸 가운데서 분쟁이 없고 오직 여러 지체가
서로 같이하여 돌아보게 하셨으니
고린도전서 12:25

미식가들이 찾는 유명 음식점을 보면
똑같은 메뉴라고 해도 다른 곳과 달리
특별한 맛을 내는 비법이 있습니다.
이는 맛있는 재료나 양념이라고 해서
많이 넣는 것이 아니라 적절히 양을 조절하는 데 있습니다.
사람들과의 관계도 마찬가지입니다.
각자 다른 지혜와 지식을 가진 사람들이
조화를 잘 이룰 때 새로운 것들이 창안되고 만들어지는 것을 봅니다.
내 것만을 고집하지 않고 서로의 의견을 존중해 줄 때
더 좋은 방향으로 향상되고 발전할 수 있는 것입니다.

자기 성찰

그러므로 이르시기를 잠자는 자여 깨어서 죽은 자들 가운데서 일어나라
그리스도께서 네게 비취시리라 하셨느니라
에베소서 5:14

미국의 한 대학에서 찬물에 개구리를 넣고
서서히 가열하는 실험을 했습니다.
개구리는 따뜻해지는 수온을 즐기며 헤엄치고 놀다가
결국에는 뜨거운 물에 삶아져 죽고 말았지요.
우리는 간혹 남을 미워하거나 판단, 정죄하면서도
의식하지 못할 때가 있습니다. 점점 뜨거워지는 물의 온도를
감지하지 못한 개구리가 밖으로 튀어 나갈 기회를 놓친 것처럼,
'스스로 의식하지 못하는 사소한 악'의 마음과
행함이 계속 쌓이면 점점 하나님 사랑에서 멀어집니다.
성경을 거울삼아 자신을 성찰하는 지혜가 필요합니다.

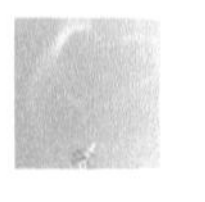

성경 속 진실

너희는 여호와의 책을 자세히 읽어보라 이것들이 하나도 빠진 것이 없고 하나도 그 짝이 없는 것이 없으리니 이는 여호와의 입이 이를 명하셨고 그의 신이 이것들을 모으셨음이라
이사야 34:16

성경에는 예수님이 나무 십자가에 못 박히실 당시
한편 강도만 예수님을 욕했다는 기록도 있고,
양편 강도가 욕했다는 기록도 있습니다. 왜 이런 차이가 있을까요?
군중 속에 있던 제자가 보니 한편 강도가 욕하는 것같이 보였습니다.
실상 이는 반대편 강도를 꾸짖는 것이었지요.
십자가에 매달려 있는 상태로 얼굴만 옆으로 돌려서 말하는 모습이
예수님을 욕한 것처럼 보인 것입니다.
당시는 현장을 녹화할 매체가 없었으므로
이렇게 각각 다르게 기록하게 하셔서
수많은 군중이 십자가 밑에 모여 있으며, 십자가가 높고 멀리 있어
대화 내용이 잘 들리지 않는 상황이었음을 알려주신 것입니다.
성경에 기록된 하나님 말씀에는
어떤 오류도 없음을 분명히 알아야겠습니다.

몸과 영혼

하나님이 모든 것을 지으시되 때를 따라 아름답게 하셨고
또 사람에게 영원을 사모하는 마음을 주셨느니라
그러나 하나님의 하시는 일의 시종을 사람으로 측량할 수 없게 하셨도다
전도서 3:11

시험관 아기가 탄생하고 동물 복제가 가능하다 보니
인간 복제까지 할 수 있다고 말합니다.
그러나 사람의 정자와 난자 자체를
만들어 낼 수는 없습니다.
아무리 과학이 발달한다 해도
사람의 영혼을 복제할 수는 없습니다.
혹 세포를 복제해서 사람의 형상을 만들었다 해도
영혼이 없는 몸은 죽은 것과 같습니다.
사람은 영혼이 있기 때문에
짐승과 달리 생각할 수 있고 말할 수 있으며
신을 찾으며 사모하는 마음이 있습니다.
따라서 사람의 몸은 영혼이 머무는 장막과 같으며
사람의 참된 주인은 바로 몸 안에 깃든 영혼입니다.

일장춘몽

저희가 이제는 더 나은 본향을 사모하니
곧 하늘에 있는 것이라
히브리서 11:16

사람들은 인생의 덧없음을 비유하여
'일장춘몽(一場春夢)'이라 합니다.
아무리 황홀해도 곧 깰 꿈인데 현실인 양 착각한다면
깨어난 후 그 모든 것이 얼마나 허무할까요.
이처럼 일생 동안 아무리 큰 부와 명예를 누린다 해도
막상 이 땅의 삶이 끝나는 순간을 맞이하면
인생이 마치 한밤 꿈을 꾼 것처럼 짧게 느껴지지요.
이 세상 삶은 잠시 잠깐이요 우리의 진정한 삶은
천국에서의 영원한 삶입니다. 그러므로 이 땅에 사는 동안
천국에서의 진정한 삶을 잘 예비한 사람은
인생이라는 꿈에서 깨어나는 순간,
천국이라는 너무나 행복한 현실에서 영원한 기쁨을 누리게 됩니다.

성과보다 중요한 것

악에서 떠나 선을 행하고 화평을 구하여 이를 좇으라
베드로전서 3:11

명절을 맞아 자녀들이 한 자리에 모였습니다.
부유하게 사는 큰아들이 부모님께 값비싼 선물을 드리며
“너희도 이런 선물을 좀 사와라” 하며
동생들에게 핀잔을 줍니다.
이럴 때에 부모님은 자녀들이 마음 아플까 가슴 졸이며,
빈손으로 와도 좋으니 우애하기를 원할 것입니다.
하나님도 마찬가지입니다.
간혹 자기주장만을 내세우며 일을 추진하는 사람이 있습니다.
상대가 불편해해도“일을 크게 이루려면 어쩔 수 없다”합니다.
그러나 이는 사랑 자체이신 하나님 마음과는 매우 동떨어지지요.
하나님은 가시적 성과보다 그 안에 스며있는
사랑과 화평의 마음을 기뻐하십니다.

흰옷 입은 두 천사

우리가 그리스도 안에서 그의 은혜의 풍성함을 따라
그의 피로 말미암아 구속 곧 죄 사함을 받았으니
에베소서 1:7

호흡이 끊어지기 전 마지막 순간에는
영의 눈이 열려 영의 세계를 보는 경우가 많습니다.
이때 구원에 이른 사람은 영혼을 천국으로 인도하기 위해
마중 나온 두 천사를 봅니다.
이들은 주변에 대기하고 있다가
호흡이 끊어지면 그 영혼을 천국으로 인도해 갑니다.
환한 빛 속에 대기한 천사들을 보는 영혼은
미소 띤 얼굴로 평안히 눈을 감습니다.
반면에 구원받지 못하고 지옥에 갈 사람이
죽기 직전 영의 세계를 보면 공포에 질릴 수밖에 없습니다.
그렇다면 우리가 이 땅의 삶을 마칠 때에는 어떤 모습이 되어야 할까요?
예수 그리스도를 영접함으로써 아름다운 천사의 인도를 따라
천국에 이르는 복된 사람이 되어야겠습니다.

그리스도의 편지

너희가 우리의 편지라 우리 마음에 썼고 뭇사람이 알고 읽는 바라
너희는 우리로 말미암아 나타난 그리스도의 편지니
고린도후서 3:2~3

요즘은 이메일이 일반화되어 있지만,
컴퓨터가 없던 시절에는 대부분 종이에 정성스럽게 써서
보낸 편지를 받아 본 기억이 있을 것입니다.
군대 간 아들 또는 타국으로 이민을 간
친구의 편지를 손꼽아 기다리다가
마침내 손에 받았을 때의 감격은 너무나 큽니다.
성경에는 성도들을 "그리스도의 편지"라고 말씀합니다.
많은 사람이 성도들을 통해 하나님의 말씀을 들으며,
또한 성도들의 선한 행실을 통해
하나님의 사랑을 느낄 수 있기 때문입니다.
그러나 십자가의 사랑으로 우리의 죄를 대속하시고
영원한 생명을 주신 예수 그리스도의 편지가 배달될 때에
기쁨으로 받는 사람만이 영생의 축복을 받을 수 있습니다.

최고의 열매

손에 키를 들고 자기의 타작마당을 정하게 하사
알곡은 모아 곳간에 들이고 쭉정이는 꺼지지 않는 불에 태우시리라
마태복음 3:12

농부가 가을에 열매를 수확하면 품질은 제각각입니다.
내다 팔면 좋은 값을 받을 수 있는 열매가 있는가 하면
그보다 못한 것도 있습니다.
어떤 것은 팔 수도 없고 버리기도 아까워서
곳간 한쪽에 들여놓는 것도 있지요.
예전에는 극상품은 임금님께 진상했다고 합니다.
구원받은 하나님 자녀들도 모두가 천국에 들어가지만
얼마나 실한 열매인가에 따라 하나님이 기뻐하시는 정도가 다릅니다.
그래서 사람마다 들어가는 천국의 처소도 다르며,
그곳에서 받을 상급도 다른 것입니다.
실한 열매란 하나님 말씀 안에 살아간 성결한 영혼을 말합니다.
과연 나는 내 영혼의 주인이신 하나님께서 보실 때
얼마나 마음에 흡족한 열매일까요?

한계선을 뛰어넘자

나는 너를 애굽땅에서 인도하여 낸 여호와 네 하나님이니
네 입을 넓게 열라 내가 채우리라 하였으나
시편 81:10

밤새 그물을 내렸지만
빈손으로 돌아온 베드로에게 예수님께서
"깊은 데로 가서 그물을 내려 고기를 잡으라" 하셨습니다.
고기 잡는 일로 잔뼈가 굵은 그였지만
풍부한 경험을 덮고 순종하여
그물이 찢어질 정도로 많은 고기를 잡았습니다.
'하나님으로 하나님 되게 하라'는
마틴 루터의 고백과 같이
우리는 무한한 하나님 능력을
작은 인간의 틀 안에 가두지 말아야 합니다.
누구든지 전능하신 하나님을 믿고 의지하면
인간의 생각과 한계를 뛰어넘는
기적을 체험할 수 있습니다.

하나님은 사랑

그런즉 너는 알라 오직 네 하나님 여호와는 하나님이시요
신실하신 하나님이시라 그를 사랑하고 그 계명을 지키는 자에게는
천대까지 그 언약을 이행하시며 인애를 베푸시되
신명기 7:9

천지 만물 속에서 아름다운 것을 볼 때나
어떤 사람에게서 선한 마음이 드러날 때에 우리는 행복을 느낍니다.
하물며 모든 아름다움과 선과 사랑의 근원이신 하나님 마음을
우리 안에 이룬다면 그 행복은 얼마나 크겠습니까.
하나님께서 우리에게 주는 사랑은 고통을 녹이는 평안함이요
어둠을 몰아내는 밝음과 희망이며
낙심한 사람을 일으키는 힘의 근원입니다.
또한 슬픔을 물리치는 희락이며
모든 눈물을 닦아주는 위로와, 고단하고 힘들 때에
심신을 가볍게 해주는 생명력의 원천입니다.
그 크신 하나님의 사랑 안에서 참 평안을 누리며
기쁨이 넘치는 하루하루가 되시기를 바랍니다.

인생의 등불

주의 말씀은 내 발에 등이요 내 길에 빛이니이다
시편 119:105

어두운 밤길을 비추는 등불과 같이
하나님 말씀은 복잡다단한 세상에서 우리가 행해야 할 바를
밝히 알려 주시고 바른 길로 인도해 주십니다.
하나님 말씀 속에는 모든 문제의 해답과 방법론
곧 명철이 있기 때문입니다.
하나님께서는 모든 것을 예지하실 뿐 아니라
인생의 처음과 끝을 성경에 모두 담아 놓으셨습니다.
그러니 모든 것을 아시고 모든 것을 하실 수 있는 하나님께
우리의 삶을 맡긴다면 어떠하겠습니까?
단 한 번밖에 주어지지 않는 인생을 값지고 소중하게 보내는 길은
하나님의 말씀을 등불 삼아 명철을 얻는 데 있음을
알아야 하겠습니다.

등불

초판 1쇄 발행 2011년 4월 30일
2쇄 발행 2016년 1월 29일

지은이 이재록
발행인 빈성남
편집인 빈금선

펴낸곳 우림북
등 록 1989년 4월 11일 제 1-904호
주 소 156-848 서울시 동작구 여의대방로22길 73, 1층
전 화 02-851-3845, 070-8240-5611(편집)
전 화 02-837-7632, 070-8240-2072(영업팀)
팩 스 02-830-1844(편집), 02-869-1537(영업팀)

등록번호 제 1-904호

값 10,000원

ISBN 978-89-7557-423-8 (03230)

우림

우림은 구약 시대에 대제사장이 하나님의 뜻을 묻기 위해 판결 흉패 안에 넣어
사용하던 도구 중의 하나이며, 히브리어로 '빛'이라는 의미가 있습니다(출애굽기 28:30).
빛은, 곧 하나님 말씀이며 생명입니다.
우림북은 온 누리에 참 빛을 비추고자 오늘도 기도와 정성으로 문서선교 사역에 앞장서고 있습니다.
www.urimbooks.com

www.ingramcontent.com/pod-product-compliance
Ingram Content Group UK Ltd.
Pitfield, Milton Keynes, MK11 3LW, UK
UKHW042005190726
13854UKWH00005B/2177

9 788975 574238